介護ヘルパーごたごた日記

当年61歳、他人も身内も髪振り乱してケアします

佐東しお

まえがき──気がつけば毎日…

日曜日の夜、布団に入ると、目の前に草原が見える。爽快な景色という意味ではない。これから刈り取らないといけない草っぱらだ。今週の仕事のイメージがそれだ。

「明日の仕事は」「明後日は」と仕事内容を考えると気が遠くなる。それをこなしていくことは見渡す限り広がっている草を刈っていくイメージだ。金曜日までにやっときれいに全面刈ったのに、週が明けると一面、草に覆われている。

私は常勤ではない。登録ヘルパーなので好きなように仕事を入れられる。平日だけ、週3日くらいでいいと思っていたが、人手不足で仕事はどんどん増え、気がつけば毎日のように入っている*。

もちろん、自分のペースを守り、仕事を断ることもできる。だけど新規の仕事が来ると、どんな人だろうという興味でつい引き受けてしまう。

毎日のように入っている 週5日出勤して、うち3日が2件のケア、2日が4件のケアを担っている。このくらいの出勤だと月収は7万円ほど。一番忙しかったころは土日も出勤し、平日の仕事量も今より多かったが、それでも収入が10万円を超えることはなかった。

２０００年、介護保険制度が始まった。それと同時に、ヘルパーの資格を取ることが流行した。

「いつの日か、こんな仕事をしてみたい」という熱い気持ちで市主催のヘルパー講座*に応募したが、希望者が多すぎて抽選になり、落ちた。悔しくて、民間のヘルパー2級講座*を受けた。当時、教室は生徒であふれていた。見回すと、受講者は40代、50代が多く、37歳の私は教室の中では若手だった。

その教室のそばの道で、車椅子に乗った集団や目隠しをした集団をよく見かけた。実技演習*だ。屋外での車椅子介助、視覚障害者の誘導の経験をするためで、お互いが障害者役になり、交互に実習する。

しばらくすると、その訓練風景がなくなった。それどころか教室もなくなった。それと同時に、私の熱い気持ちもいつのまにかなくなっていた。

詳しくはのちに述べるが、私の息子たちには重い障害がある。そのケアにかかりきりになり、40代がすぎた。

息子が支援学校高等部を卒業し、生活介護事業所に通い始めて、少しだけ時間に余裕が生まれた。とはいえ、息子は9時半に家を出て、午後3時半には事業所

市主催のヘルパー講座
介護保険制度がスタートした２０００年ごろ、各地域でヘルパー講座が多く行なわれた。市主催の講座は民間より安価で受講希望者が多かった。２０２４年現在では、社会福祉協議会が年数回「介護職員初任者研修」（２０１３年４月介護保険法改正によりヘルパー２級はなくなり、「介護職員初任者研修」となった）を行なっているが、受講希望者は殺到していない。

民間のヘルパー2級講座
当時、受講者は多く、ほぼ毎日教室があった。私は２００１年３月にヘルパー２級を取得した。取得後、その講座を行なっている事業所で働けばキャッシュバックがあったが、私はすぐには働かなかった。

から帰ってくる。その間しか働けない。

「ヘルパーなら、短い時間でもいいし、好きな曜日を選べるよ」

ヘルパーとして働いていた友人が勧めてくれた。やってみようかどうか迷っているると、その話が人づてに伝わったらしく、「とにかく一度、事務所に来てみて」と知人経由で訪問介護事業所*から連絡が来た。電話を入れると、「今すぐ来て」と言う。行くと、「登録だけでも」。こうしてあれよあれよというまに、私は登録ヘルパーになった。介護保険制度がスタートして14年がすぎ、私は51歳になっていた。

この本は介護の教科書ではない。私は介護の専門家ではないし、〝ええかげん〟な登録ヘルパーにすぎない。福祉についての知識も〝ええかげん〟だ。

介護の専門家やベテランヘルパーが読めば、「あれ？　これ、違う」と思うところがあるかもしれない。だけど、これは私の地域の、その年月に、たしかにあった実話*だ。

「誰かのケアをする」というキャパは息子たちを育てるとき、いっぱいになった。

実技演習
ベッドメイキング、体位変換、衣類の着脱、排泄の介助、食事の介助、口腔ケア、歩行介助、移乗介助を学ぶ。私がヘルパー2級講座を受けたときは、教室近くの歩道で、車椅子を押す経験や、視覚障害者（交代で目隠しして被介護者を演ずる）の同行経験があった。ヘルパー2級講座時代は、介護現場での実習があったが、「介護職員初任者研修」になって必須ではなくなった。

訪問介護事業所
要介護者の自宅を訪問して介護を行なう訪問介護の拠点。管理者、サービス提供責任者、訪問介護員（ホームヘルパー）で構成される。

実話
人名、団体名はすべて仮名としている。またプラ

かわいいからこそ苦しかった。だから、たくさんの人に助けてもらった。

介護職に就いて10年がすぎ、今度は親が認知症になり、その介護が必要になった。

息子のケアと、他人のケアと、親のケア。私は期せずして3つのケアを体験した。「身内の介護」と「他人の介護」は天と地ほど違うことも思い知った。そんなこともお伝えできればと思う。

身内の介護がしんどいとき、私は愚痴を友人に聞いてもらう。友人の中にも親の介護で苦労している人がいて、彼女からもそれを聞かせてもらう。彼女はよく「人のしんどい話を聞くと、自分だけじゃないって元気が出る」と言う。私もそんな気がする。

「ヘルパーになったら」「ヘルパーを利用したら」こんなオモロイことがあると思いながらお読みいただいたり、この本で「自分だけじゃない」って元気を出してくれる人がいたら嬉しい。


イバシー保護の観点から、登場人物の年齢、キャラクターについては改変したり、脚色をくわえている。法律や制度についても執筆にあたり可能な範囲で確認しているものの、一部に記憶違いや正確性を欠く点があることはご容赦いただきたい。

介護ヘルパーごたごた日記●もくじ

まえがき――気がつけば毎日…

第1章 あなたも女優になれますか？

第2章　身内に泣かされる

第3章　タダより高いものは…

装幀◉原田恵都子（ハラダ＋ハラダ）
イラスト◉伊波二郎
本文校正◉円水社
本文組版◉閏月社

第1章

あなたも女優になれますか？

某月某日　**掃除のポリシー**：誰に注意されようとも

給料をもらって働き始める前に研修がある。先輩ヘルパーに同行し、その指導のもと、掃除や調理などのケアを行なう。1時間のケアを10回経験すると、この事業所の正式なヘルパーになることができるのだと説明された。

先輩ヘルパーの米村さんに同行した。利用者宅前で待ち合わせた米村さんは、ここまでバスで来たと言う。バイクも自転車も乗れず、バスで通いやすい場所と徒歩圏内の仕事だけ受けているのだと笑った。

うちの事務所では、現場までの交通費は支給されない。*

「でも、私、これ持っているから」

米村さんは70歳以上の高齢者に支給されるバスカードを見せてくれた。

利用者宅は大きな一戸建てだった。ヘルパーが手をつけていいのは生活に実際に使っている部屋だけで、広すぎる家は手入れが行き届かず、空気がじっとりと

交通費は支給されない
クルマのガソリン代も駐車料金も、米村さんのバス代も支給されない。他事務所のヘルパーに聞くと、「えっ？　うちは全部、出るよ」と言われた。ちなみに私は電動自転車を使っている。ほどよく

している。

前夜、別のヘルパーがタイマーをかけておいた洗濯物を干す。終えると冷蔵庫のものでおかずを作る。

私は米村さんの手伝いをしつつ、利用者の話し相手をする。

「去年ね、この家に泥棒が入ったんよ。私はそこの陰に隠れていたんじゃ。見つかったら殺されるんじゃないかとこおーて（怖くて）。そしたら息子が来てくれて助けてくれたんじゃ」

「ええっ、それは怖かったですね。息子さん、ナイス！」

私がそう答えると、米村さんがちょいちょいと私を呼んだ。

「あれ、みんなウソ*だから。信じないようにね。息子さんなんて、もう何年も帰ってきてないから」

それだけ言うと米村さんは再び調理に戻り、作っていた汁物に棚にあったカニ缶を入れた。調味料は開栓後要冷蔵のものが多いのに、この家ではすべて常温で置いてある。調味料もカニ缶も賞味期限が大きくすぎている。

米村さんが「味見してみて」と小皿を差し出す。


運動になり、小回りもきいて快適であるが、雨の日だけは泣きたくなる。

みんなウソ
「泥棒が入ったらどうしよう」という不安が妄想を作り出すのだろう。最近では、「泥棒」より「振り込め詐欺」「特殊詐欺」「強盗」が怖いと言われることが多い。こんなところにも時代の変化が表れるのだ。

私はお腹がめちゃくちゃ弱い。大丈夫かな。我慢して味見する。うん、味は悪くない。

調理の次は掃除で、米村さんはリュックからゴム手袋を取り出した。

「私が拭き掃除*をするから、佐東さんは掃除機かけていて」

その掃除機が、言われた場所になくて、米村さんのところへ聞きに行く。米村さんが雑巾を濡らしていた。バケツでも洗面台でもなく、便器の中で。便器の中に溜まっている水に雑巾を浸して絞っている。

フリーズしている私に気がついた米村さんが振り返る。

「誰に注意されようとも、わたしゃ、このやり方をやめる気はないよ。これが私の掃除のポリシーだからね」

そう言い切ると、その雑巾でトイレの床を拭き、そのまま廊下の拭き掃除も始めた。

あまりの衝撃に体が動かない。米村さんはこれが人の嫌がることだとわかっている。なのに、やめない理由はなんだろう。

トイレを素手でピカピカにする団体があると聞いたことがある。心も一緒に磨

拭き掃除
掃除のやり方は、自己流を捨て、利用者の希望に沿う。床を雑巾で拭いてほしがる人もいるし、モップを希望の人もいる。机などの拭き掃除では、置いてあるものの配置は変えてはならない。だがあまりに乱雑だと整理したくてうずうずする。我慢できずに整頓すると、「どこにあるのかわからなくなった」「なくなった」と言われるトラブルのもと。

靴下のまま靴を履く
この出来事以後、仕事用の靴と私用の靴を分けるようになった。さらに靴下の予備や靴下カバーも

かれるそうだ。それなのかと思うが、米村さんは手袋をしている。

ひととおり拭き掃除を終えた米村さんはゴム手袋を外す。ゴム手袋をしているということは「汚い」という認識はあるのだと思ったら、その手袋をそのまま自分のリュックに放り込んだ。

便器水で拭き掃除した床を歩いた靴下のまま靴を履く*のがどうしても嫌で、私は靴下を脱いだ。もっとかわいそうなのは、なんにも知らない利用者さんだ。

そう思ったけれど、新人の私には米村さんのやり方を注意も否定もできなかった。

某月某日　クビ案件：女優にならないと

51歳の私が働き始めた訪問介護事業所「にこにこにこにこヘルパーステーション」は、広島県H市に事業所を構える。新しいビルに囲まれ、そこだけ時代に取り残されたレトロな建物の一室で、掲げられた看板の青字が鮮やかで人目を惹く。

*カバンに常備。そのほかの常備品は、タオル（仕事中、いつも首にかけている）、ティッシュ、ビニール手袋、ビニール袋、エコバッグ、空っぽの財布（お金を預かって買い物に行くとき用）、エプロン、のり（領収書を貼るため）、ばんそうこう。そして記録書、筆記具。夏場は帽子や日焼け止めに水筒。個人的に胃腸のクスリも欠かさない。

創設者は「にこにこ」にしようとしたらしい。だが、ネット検索してみると他県に同じ名前のところがある。それで「にこ」をひとつ増やしたのだという。看板には「にこ3ヘルパーステーション」と書いてあるので、「ニコサン」と呼ばれることも多い。

訪問介護事業所「ニコサン」にはサービス提供責任者*2人、常勤ヘルパー*が3人、私のような登録ヘルパー*が20人ほど在籍している。ケアマネージャー*が1人いる居宅介護支援事業所*を併設している。

この日はいったん事務所に記録書を届ける必要があった。

事務所に顔を出すと、常勤ヘルパーの立板さんがいた。立板さんは私より3歳年上で、基本週5日フルタイムで働き、事務もしているベテランだ。

立板さんに、米村さんのことを話したら、きっとサ責（サービス提供責任者）の本谷さんに伝えてくれる。そうすれば本谷さんが米村さんに注意してくれるだろう。そう思って伝える。

「便器の水で雑巾？　ああ、クビ案件ね」事もなげに言う。

クビ？　その現場を見たのは私だけだし、誰がチクったか、まるわかりだ。へ

サービス提供責任者
略して「サ責」。各事業所に、平均利用者数40人ごとに常勤1人以上の設置が必要。ケアマネージャーとヘルパーとの関係をつなぎ、介護サービスの計画を立てる。ヘルパーの指導や教育を行ないつつ、自分もヘルパーとして動くことも。事業所の要のような存在で利用者に関する連絡はサ責から入り、休む際に連絡を入れるのもサ責。人手不足の折、代行するヘルパーがいないと、サ責自ら行く。仕事の愚痴を言う相手もサ責である。

常勤ヘルパー
フルタイム常勤で毎日、事業所に出勤する。ヘルパーとしての仕事のない時間は、事業所の事務作業を行ない、困難事例の担当となることが多めという噂も。

ルパーの働き口はいくらでもあるかもしれないけど、米村さんも70すぎて次の職場というのもつらいだろう。

「ちょうど今、出て行った人いたでしょ。ヘルパーなんだけどさ、関わらないほうがいいよ。サラ金からお金借りてるらしいんだ。駅前のサラ金ビルから出てきたの見た人がいてね。そういえば、下条っていうヘルパーはね……」

立板さんはまだ数回事務所で顔を合わせただけの私に、事務所メンバーの噂話をし続ける。

もし、これがデイサービスや入所系の施設だったら、こんな噂話好きがいたら、陰で自分が何を言われているか怖くなる。

その点、訪問は気が楽だ。同僚と同じ空間で長くすごすことはない。同じ家に入るヘルパーとは連携をとるが、もし嫌いだったり、やりにくかったりしたら、そのヘルパーと同じ家に行かなくて済むように事務所にお願いすることもできる。一人で利用者さんのために働けばいい。そう自分に言い聞かせる。

止まらない噂話に疲れて、話題を変えた。

「そういえば、この前うかがった利用者さんのお宅で、食器を漂白しておいたん

登録ヘルパー
働きたい日数や曜日、時間などを訪問介護事業所で登録し、指定された日時のみ出勤するヘルパー。自由に休日も決められ、働きやすい反面、時給のため月々の収入に変動がある。移動時間は時給範囲外であるため、片道30分の場所の仕事を受けると1時間無給で動いていることに。

ケアマネージャー
介護支援専門員。要介護者や要支援者の相談を受け、ケアプランを作成したり、事業者などとの連絡調整や介護保険施設への紹介などを行なう、介護保険に関するスペシャリスト。居宅介護支援事業所や施設などに属す。

居宅介護支援事業所
介護保険法にもとづき、要介護認定を受けた人が自宅で介護サービスなど

です。気づいたら喜んでくださるかな」

立板さんが鼻で笑う。

「バッカじゃないの。それに気づける相手じゃないでしょ。利用者は無料でヘルパー利用しているわけじゃないのよ。お金払っているのよ。来てもらってよかったって思わせないとダメ。『漂白しておきましたよ』ってアピールするくらいでちょうどいいの。女優にならないとダメよ」

言い方はキツいが、たしかに一理ある気がする。押し付けがましくなく、自分のやったことをアピール。女優か……。

「事務所で耳にしたんだけどさ、今度、金田さんの担当、佐東さんになりそうなんでしょ。用心したほうがいいよ」

まもなく研修が終わる。サ責からはすでに私が担当する仕事の打診*があった。打診されたのは、金田美子さんという方のお宅。わが家から自転車*で5分と近い。週3回45分ずつのうち、週2回が私の担当になり、月曜日に買い物同行して掃除をして、水曜日に入浴を見守る仕事だという。引き受けることを決めていた。

「あれね、よその事務所が担当していたけど、行くヘルパーがいなくなって、う

を利用しながら生活できるよう支援する。ケアマネージャーが必要な介護サービスを検討し、ケアプランを立てる。

仕事の打診
ニコサンでは、このヘルパーにこの仕事を受けてほしいというのがあったら、サ責から本人に連絡がある。断ることもできる。そのヘルパーが通いやすく、日時の都合もいいこと、内容がそのヘルパーにできるかどうかも考えてくれる。

自転車
うちの地域は駐車場のある利用者が少ない。よってバイクか自転車が便利。きつい坂があると、基本的にはバイクメンバーに仕事がふられるが、人手不足で自転車メンバーも

ちに流れてきたケース*なのよ。ああ、恐ろしい」

立板さんが大げさに身震いするジェスチャーで言う。

「ヘルパーが病気とかで続けられなくなったけど、代わりがいないとか、本当のこともあるでしょうけど、単純に全ヘルパーがその人のことを嫌いで誰も行かない場合っていうのもあるのよ。今回のは嫌なニオイがする」

明日、サ責と一緒にあいさつに行くことになっていて、もう断れない。そのことは立板さんも知っているはずなのに、なぜ今こんなことを言うのだろう。

「まあ、今度から、その仕事を受けるべきかどうか、情報を流してあげるわ」

立板さんは威張ってそう言った。

某月某日　**いくつに見える？**：「前の事務所の人は…」

立板さんに「嫌なニオイがする」と言われた金田美子さんのところへあいさつに行った。美子さんは87歳で要支援2だ。ガニ股で杖をつきながらヨロヨロ歩く。

平地ばかりというわけにもいかない。そのため自転車メンバーはほぼ電動自転車だ。

流れてきたケース　担当していたヘルパーが自分の都合で行けなくなったり、利用者ともめごとがあって、担当を変えなければならなくなったりしたとき、代わりに行けるヘルパーがいればいいが、無理なときはケアマネージャーが引き受けてくれる事務所を探す。

「私、いくつに見える？」*

私たちが座るなり、この質問が出た。これを言う女にろくなやつはいない。介護ヘルパーなら年齢を知っているに決まっている。「95ですか？」と返したいのをこらえて「80くらいですか？」。案外気の弱い私。

「もう〜。たいていの人は70代半ばって言うのに」

サ責の本谷さんはその雑談には入らず、さっさとあいさつと報告をして、立ち上がり、事務的な声で「では、来週月曜日10時からスタートです」とだけ言った。

もう終わりのあいさつのつもりで私も頭も下げて腰を浮かせているのに、美子さんが言う。

「で、あなたは早めに来るタイプ？　長くいるタイプ？」

「え？」

「前の事務所の人はね、たいてい15分は余分にいたわよ」

立板さんの解説では「前の事務所の人は」というのは、都合よくヘルパーを動かすためのウソなのだという。45分の仕事にサービス15分を平気で要求するなんて。450円のものを600円で売り付けられたらきっと怒るくせに。

私、いくつに見える？

利用者でこんなことを聞いてきたのは金田美子さんくらいだ。ただ、若さ自慢をする人は多い。「容姿が若い」「性格が若い」「頭の老化が進んでいない」と「まわりの人が言う」のだと自慢してくる。スマホ、とくにLINEが使える人の場合、自慢度が上がる。ちなみに私は、父の通院に付き添った際、看護師から「奥さん」と呼びかけられ、ショックを受けた。「私、いくつに見える？」というセリフを、私は怖くて使えない。

古き良きヘルパーは「仕事は早めに行くべし」という心構えで、10分、15分早く行く人がいる。そのサービスが当たり前になると、1日5件の仕事がある場合、1時間分のサービスになってしまう。

本谷さんは、美子さんの問いかけに「うちは時間のサービスはできません」とは言わず、「私は急ぎますので」とだけ言って、ひとり先に出て行った。これは私にどうにかしろということだろうか。毎回、きっちりやるべきことはやって、時間が来たら帰ることでわかってもらうしかない。

「私は、金田さんの仕事の前後に別の仕事があるので、ぴったりに来て、ぴったりに帰らないといけないと思います。でも、時間内で一生懸命、お掃除などをさせていただきますね」

そう言って立ち上がる。

「あ、ちょっと、明日はゴミの日*で、ご近所が捨ててくれるのよ。玄関に置いておかないといけないんだけど、台所にあるのを運んでおいてくれない？　ほら、昔から言うじゃない、立っている者は親でも使えって」

仕方なくゴミ袋の口を締めて玄関に運ぶと、また声がかかる。

明日はゴミの日
ゴミステーションまでゴミを運ぶことができない利用者や、ゴミの日を記憶できない利用者のために、市の職員がゴミを玄関先から回収する事業がある。うちの市だと、「要介護2以上」で「65歳以上のみの世帯」「障害者だけの世帯」などの条件がある。それが利用できず、ヘルパーに出してもらうことを希望する人もいる。ただ、朝は、デイサービスへの送り出しなどの仕事もあり、ヘルパーが足りない。近所の善意にすがってゴミ出しを行なっている人も少なくない。

「あー、ごめんなさい。そこに干しているタオル、ちょっとたたんでおいてくれ*ないかしら。今日はちょっと脚が痛くて」

　私がタオルをたたみ始めると美子さんの話が始まる。

「私ね、生まれつき、脚が悪いの。初めての子どもだったので、親は私が歩けないのを深く考えてなくて、年子の妹が歩きだして、ようやく私の異常に気がついたのよ。それで大あわてで病院に行ったのだけど、もう手遅れだったらしいの。でもね、脚は悪いけど、私ってモテたのよ。結婚してほしいって言ってくる人がいたのよ。だけど、こんな脚が悪い人がお母さんだと子どもがいじめられると思って、結婚しなかったの。だから私には、支えてくれる夫も、一緒に住んでくれる子どももいないのよ」

「でも、この年齢になると、夫は支えてくれる存在というより、介護してあげないといけない存在ですよ。それに今どき、一緒に住んでくれる子どもなんて滅多にいませんし」

　フォローするつもりで笑いながらそんなことを話したけど、美子さんに人の話を聞く気はないらしい。相槌を打つでも、うなずくでもなく、続ける。

たたんでおいて
洗濯物の干し方、たたみ方に厳しい利用者は多い。「ブティックたたみ」だと満足いただける。「袖たたみ」にすると、「あら、お宅ではこんなたたみ方？」とため息をつかれることも。そんなとき、腹の中でこう思っている。「いいえ、忙しいので、わが家ではたたんでないままだったりします」

「子どもがいじめられるかもしれないから、結婚をあきらめたこと、民生委員さんは『立派なご判断です』って言ってくださったの」

美子さんの話が終わるころには、帰るあいさつをしてからすでに30分以上がすぎていた。

某月某日　もったいない：ニオイと闘う仕事

私は鼻が利く。長所だと思っていたけれど、この仕事を始めてまもなく、先輩に「あちゃー」と言われた。「それはつらいことになるわね」

排泄物。汚れた衣服。たまったゴミ。鼻が利くということは、それらのニオイを濃く受け止めることになる。

最近の高齢者は、ひと昔前より紙のパンツへの抵抗が少ないようだ（ひと昔前にはこの仕事をしていなかったので人から聞いた話だけど）。

紙オシメとか紙オムツと呼ばれていたものが、今はリハビリパンツ*と呼ばれる。

リハビリパンツ　紙オムツと言わず、あくまでパンツである。テレビCMの影響か、抵抗なく穿く人が多い。ある災害時、渋滞でクルマが長時間動かなくなり、車内にあったリハビリパンツを利用したことがある。穿き心地は悪くなかったが、排尿後はかなり不快

そのネーミングのおかげもあると思う。

今回、担当に決まった久保サチ江さんは新規で、85歳の要介護*2。古い3階建てのアパートの一室に住む。隣に住む大家さんからの依頼で、地域包括支援センターが訪れ、介護認定を受けるに至った。

認知症がかなり進んでいて、週2の訪問が決まった。掃除と昼食作りにくわえ、入浴介助だ。

サチ江さんの部屋に入るなり、つんとしたニオイがした。鼻が利く私には、その原因がどこかまでわかってしまった。恐る恐るタンスの引き出しを開けると、ずっしりと重たいリハビリパンツがあった。

衣類を使い捨てにするなど、戦争体験者には考えられないことなのだろう。洗濯機で洗ってしまう人や室内に干す人もいる。サチ江さんはしまい込むタイプなのだ。

「これは捨てていいんですよ」と、やんわり注意しつつ、袋に入れて外のゴミ箱に捨てる。

風呂に湯をためつつ、昼食準備をする。めどがついたところで部屋を見ると、

感があった。利用者にはできるだけ快適にすごしてもらいたいが、その価格ゆえあまり頻繁にも交換しにくい。使用後のものをタンスなどにしまう人、洗濯物といっしょに干す人がいるが、一番困るのが洗濯されること。ポリマーが衣類に付着し、大惨事となる。

要介護
日常生活の中でどの程度の介護（介助）を必要とするのかという介護の必要度合いを「要介護度」という。「要支援」は、基本的には一人で生活できるが、部分的な介助が必要とされる状態で「要支援1」「要支援2」がある。「要介護」は、運動機能の低下や理解力の低下が見られる状態で、「要介護1〜5」がある（数字が大きいほど程度が重くなる）。

サチ江さんがいない。一瞬で服を脱いで、浴室に向かっている。浴室での転倒が怖い。あわててあとを追う。

まずはシャワーで髪と体を洗うことになっている。椅子にちょこんと腰かけるサチ江さんの横に立ち、シャワーをかける。

さあ、洗おうとかがむと、頭に衝撃が走った。ずっしりと重量感のある何かが頭に乗っかっている。手に取ると、ぐっしょりと水分を吸ったリハビリパンツだった。サチ江さんが浴室にある棚に放り上げておいたものが、落っこちてきたようだ。

「なんでこんなところにあるのかな？」と言うと、

「風呂あがりに穿こうと思って」とサチ江さん。

「外に置いておいたらよかったのに」

「外に置いたら、あんたが捨ててしまうじゃろ。まだ穿けるのに」

もう１CCの水分だって吸うことができないくらい満タンなのに、これをまだ穿こうとする。年配者にとって「もったいない」*の気持ちは大きい。

たっぷりの泡をたててサチ江さんの髪を洗う。「気持ちええ」サチ江さんがつ

もったいない
惣菜や弁当についている小袋の醤油やソース、ワサビが箱いっぱいにたまっていて、「もったいないから、あなたにあげる」と言う。見ると、賞味期限が数年前のものも交じっている。「もったいない」は日本語特有の言葉で、尊い言葉だと言うが、この仕事に就いて、嫌いになった。

ぶやく。そう言ってもらえると嬉しい。ただ、サチ江さんの髪を洗いながら思う。今すぐ私の髪も洗いたい。

風呂に入ってもらい、服も着替えてもらった。用意した親子丼を食べ始めたサチ江さんの横で思う。……まだ臭う。どこかから強烈に臭う。

ふと、サチ江さんの椅子に目がとまる。座板の下にものを入れられるのではないだろうか。

「お食事中ごめんなさい。少し席を立っていただいてもいい?」

「ん?」怪訝《けげん》な表情をしながらも、腰を浮かせてくれた。

座板を上げると、中には収納空間があり、ぎっちりと使用済みのリハビリパンツが詰め込まれていた。

某月某日　**セクハラジジイ**：気に入らないとチェンジ

身体介護スキルが高いのは、施設勤務者だと思う。訪問介護は、生活援助が多

ヘルパー会議
情報共有と学習を目的として月1回行なわれる。話し合いとミニ研修

くなりがちだ。それを卑屈に思ってはいないものの、何かの本で「生活援助こそ高いスキルがないと難しい仕事だ」とあるのを読んで、涙が出るほど嬉しかったのも確かだ。

登録ヘルパーにはお気楽な部分がある。移動時間は就労時間にカウントされないから収入面では厳しいが、その移動中、買い物や銀行への立ち寄りといった私用ができる。

ニコサンの時給は「生活援助」1400円、「身体介助」1800円。悪くないと思われるかもしれないが、勤務先が飛び飛びになるので移動時間がバカにならない。片道30分かかれば、時給は半分だし、移動時間をかけたうえに30分の仕事という場合もある。今は週5回出勤しており、2件の日が3日、4件の日が2日だ。このくらいの出勤だと月収は7万円ほど。

仕事場へは直行直帰だし、事務所にも月1回のヘルパー会議*のときと、月末を含む数回、記録書*を持っていけばいい。ニコサンは家から徒歩10分、近いのもいい。基本、一人での勤務なので、同僚との人間関係に悩むことも施設勤務者よりは断然少ない。

を通して、ヘルパー同士のつながりも深める。登録ヘルパーは一人ずつ行動するため、仲間の顔さえあまり把握していない場合が多い。横のつながりを作るいい機会だ。ただ、その時間に仕事が入っていると欠席するしかない。ニコサンではわずかながら出席者に手当が出る。私は、年一度ある消防士による心肺蘇生法講習が楽しみ。なぜかイケメンが来るのは出席率アップのための戦略のような気もする。

記録書
介護サービスを提供したあと、実施した証拠として記載する書類で、「ヘルパー名」「サービス実施日時」「利用者の様子」「サービスの内容」などを記載する。事業所によって「訪問介護記録書」「サービス実施記録」などとも呼ばれる。

でも、一人だからこその怖さもある。訪問時、利用者が亡くなっていたり、瀕死状態だったりしても、一人で直面しないといけない。

それ以外の問題でもっとも頻度が高いのがセクハラだ。

「赤名さんのところ、佐東さんが行ってくれない？ セクハラ騒ぎを起こすから、私が行ったら、『ババアいやだ。チェンジ』ですって。ヘルパーをなんだと思っているのかしら」

私より10歳上の栗林さんが怒っている。

赤名勉一郎さんは85歳、要介護1。体が大きく、調理中のヘルパーが振り向くと、ぴったり後ろに立っていることが多いという。触ってくるわけではないし、シモネタ話をするわけでもない。だけど、怖くてもう行きたくないと担当が次々替わってきた。

なるほど。私には色気も美貌もないし、押し倒されないほどの身長*もある。チェンジされてもめげないメンタルもある。適任だ。

仕事は、買い物と料理と掃除と洗濯だが、問題は料理だった。初めての訪問日、台所を見て、途方にくれた。

押し倒されないほどの身長
167センチは、若いころは邪魔だった。ハイヒールを履けば上司を見下ろす。可愛げもない。だが、介護職の今はひたすら便利になった。高齢

ガスコンロもＩＨもない。小さな電気コンロがあるが、火力も弱く、口は一つだけ。その横にキッチン*に不釣り合いな、真っ赤な圧力鍋が置かれている。小さな電気コンロひとつで悪戦苦闘する私を、赤名さんは冷ややかに眺めていた。

私が作った料理を平らげた赤名さんはマスカットをつまんでいた。私が横で洗濯物を片付けていると、私の口にその１粒を突っ込んできた。完全なセクハラだと思うけど、そのまま食べた。赤名さんはその日初めてウフウフと笑った。

そのせいだかわからないけど、赤名さんは私をキャンセルせず、継続して訪問することになった。

ヘルパーたるもの、利用者をニックネーム*や「ちゃん」づけなどで呼んではならない。姓に「さん」づけで呼ぶことが一般的だ。

でも、デイサービスなどでは本人の希望を聞いて、下の名前で呼ぶことがある。うちの母も、入院中、看護師たちに「ちゃん」づけで呼ばれて喜んでいた。

私は、女性利用者は下の名前に「さん」づけで呼ぶことが多い。認知症の人は、数回行っても、初めてと思われることがある。だけど、下の名前で親しげに呼びかけると、「以前にも会ったことがあるかも」と思ってもらえる。

になると身長が縮む。小さくて可愛いおばあちゃんになれる日を楽しみにしている。

キッチン
利用者宅のキッチンにはたまに信じられないほど古い食材がある。触っただけで爆発しそうなほど、パンパンに膨れた缶詰は製造日が１９９０年だった。カビだらけの菜箸を見かけて震えることも。

ニックネーム
守秘義務があるので、家族や友人に利用者のことを話せない。だけど、個人情報を出さずに愚痴るときもある。「アカプルコが今日もたいへんなことをやらかしたのよ」なんてふうに。「イースト」と、「マスカットさん」など、由来は明かせないが、愛をこめて、本人のいないところでそう呼んでいる利用者がいる。

男性の場合、下の名前で呼ぶのは抵抗があり、姓で呼んでいる。だけど、赤名さんの下の名前が面白い。

「べ、べんいちろう、さん？」

「つとむいちろう、だ」

赤名さんは、この名前をつけた親を恨んでいる。友人知人は赤名さんのことをアカナべと呼ぶらしい。

赤名さんの部屋は、市営アパートで、市営の中でもとくにボロで、市としてはいずれ取り壊したいので、空き部屋に新たな住民を入れないし、修繕もしない。そのせいか家賃は1万円を切っている。赤名さんの部屋にはエアコンもない。* それでも食べ物にはお金を使っている。

ある日、料理はいいので弁当を買ってこいと連絡があった。

私が買っていった弁当を食べながら言う。

「おいしいものが食べたいのに、何を食べてもおいしくなくなってる。あんたが口移しで食べさせてくれたらおいしゅうなるかも」

「おまわりさーん、ここにセクハラじいさんがいまーす」

エアコンもない
その市営アパートの利用者宅にはエアコンのない部屋が多く、真夏になると屋外の日陰に、昔懐かし〝ボンボンベッド〟を出して昼寝をしている人もいる。赤名さんは、暑さは平気である一方、寒さにはからきしで、冬はガスファンヒーターで真夏のような部屋を作り出していた。

おどけてそう言うと、赤名さんはおかしそうに笑いながら、半分かじった唐揚げを私の口に持ってきた。

ええいっ！　潔癖症の私がそれを食べた。断ればきっとぐずぐずと文句を言う。それを聞くのも、行動を諭すのも面倒だった。咀嚼もしないで飲み込んだ。赤名さんは笑わず、あごで押し入れを指した。

「あそこ。開けろ」

見ると大きな箱がある。

「持って帰れ」

「なんですか」

「圧力鍋だ。わしのと同じの」

ヘルパーは利用者からものをもらうことはできない。いや、実際は少しならもらう[*]が、これは高額すぎる。バレなければいいけど、赤名さん、口軽いかもしれないし。それにどうせもらうなら、家電ショップにある有名メーカーのがいいんですけど。

「うちにあるのと同じだから、わしはいらん。もう返品もできんし、あんたがこ

少しならもらう
ある利用者から、「自家栽培の野菜を食べきれないのでもらってくれ」と言われて、キュウリを数本もらった。その数日後、「友人にキュウリをあげたんじゃが、なんにもお返しがない。ふつう、何かもらったらお返しをするもんじゃろう」と言われて、焦った。どんなものももらわないほうが安全だ。

れで調理がうまくなったら、わしも助かるし」

結局、もらうことにした。私はそれから赤名さんをアカナベと呼ぶことにした。

某月某日　入浴介助：「はぁ〜、し・あ・わ・せ」

3階エレベーターなしのアパートにある山崎チイ子さんの部屋のフローリングは、素足や靴下では歩くと危険なほどささくれていた。それなのに油を吸っているようにベタついている。そのうえ、床にはやたらものが多い。それを片付けないと、91歳で要支援1のチイ子さんには転倒の危険性がある。

チイ子さんは脚が悪い。床にお尻をつけてしまうと立ち上がれない。どうにかお尻の下に電話帳を入れ、それを繰り返し、お尻の下のものの高さを高くして、やっとこさ立つ。こんな状態になったのはほんの1年前。転倒して骨折し、リハビリ入院を経て帰宅してみれば、できないことだらけになっていた。

家族のいないチイ子さんの希望で、ケアプラン*は「買い物と掃除」になった。

ケアプラン
利用者や家族が安全に生活できるように、課題や希望に適した介護保険サービスを提供するためのもの。利用者がどのような介護サービスを受ければ自立した生活が送れるようになるかを考えて介護サービスを組み合わせた計画書。ケアマネが

頼まれる買い物は多い。週2（1時間ずつ）のうち、1日を買い物、1日を掃除という計画だったが、食欲旺盛で、パッドなどもよく使う。これまで配達を頼んでいた店とケンカし、もう頼めなくなったとのことですべての買い物を私が担うことになった。

週2回とも買い物を入れないと必要なものを買い切れない。しかもいったん3階まで駆け上がり、注文を聞いて、遠い店まで買いに行っていたのでは、それだけで1時間が終わってしまう。行く前に電話をかけ、その日買っていくものを聞き、代金を立て替えて購入、訪問後、代金を受け取っていた。本来、事務所はこのやり方を許していない*のだが、時間の足りなさにケアマネも見て見ぬふりをしてくれた。

チイ子さんは弁が立つ。知らない人の前ではとくにしゃべりによどみがない。それで「要支援1」がついたのだろうが、認知症でふだんは今日が何月何日かもあやしい。

チイ子さんのところへ行き始めてほどなくの梅雨時、チイ子さんの衛生面が気になった。排尿はリハビリパンツ内だが、排便はトイレ。でも失敗が多く、床や

作成したケアプランの内容に沿ったサービスができるよう、事業所が「介護計画書」を作成する。

事務所はこのやり方を許していない
買い物時のお金の扱いにはさまざまな方法がある。専用の財布に身内がお金を用意し、そこから買い物をする場合には、領収書を貼り付け、収支をノートに書く。私としては、このパターンがいらぬ疑いもかけられず安心できる。ほかにも、買い物のたびに本人からお金を預かり、買い物後お釣りを渡すパターンもあるが、5000円預かったのに「1万円預けた」などと言われかねない。お金を預からずに買い物をするのは、「支払うお金がない」と言われ回収できなくなる危険性があるため、本来事務所は許していない。

便器を汚すことがある。チイ子さんが自力で洗えるのは顔と手だけ、ほかはそのまま放置されている。退院してから半年ものあいだ、入浴していないという。臀部や陰部を自分でどこまできれいに拭けているのか。

入浴はケアプランにない。デイサービス*に通えば入浴ができるが、そのためには再認定と生活保護が必要になる。もうすぐ夏が来るのに、それを待っていられない。ケアマネと相談し、次回の訪問時から「買い物、掃除」の時間を30分減らし*、残りの30分で体をきれいにすることになった。

6月下旬の訪問、30分限定で体をきれいにする。用意したバケツに足を入れるとびっしりと垢が浮かんだ。髪を台所の湯沸かし器で洗う。あとは清拭《せいしき》だが、下半身は拭いてきれいになるレベルではない。

7月頭の訪問では、掃除時間をさらに減らし、シャワー浴を試みた。

チイ子さん宅の浴室は狭い*。浴槽以外のスペースはチイ子さんひとり分しかなく、私は浴室の外から洗う。

リハビリパンツ利用者にはトイレットペーパーを折り畳んで中に敷いている人が多い。チイ子さんもそうで、それが尿で粉々になり、びっちりと下半身に貼り

デイサービス
要介護認定を受けた人が通う介護事業所。施設への入所ではなく、日帰りで利用し、身体機能の維持・向上を目指した機能訓練や、他者との交流を通して孤立感の解消や認知症予防を図る。

30分減らし
買い物と掃除で30分はきつい。時間は全然足りない。薬局でリハビリパンツとパッドを買い、スーパーでパックご飯、惣菜、牛乳、パンを袋いっぱい買って帰り、それを定位置に置き、掃除を始めると便座が便まみれ…。30分でどうせえちゅーねん！

付いている。私は浴室外に立ち、前屈して、右手にシャワー、左手にタオルを持ち、チイ子さんを洗う。跳ね返ったお湯が私の顔に飛んでくる。でも、そんなことは気にしていられない。シャワー浴の時間は限られている。

「気持ちよかったぁ」

シャワー浴を終え、チイ子さんが幸せそうな声をあげた。一緒にニコニコしてはいられない。チイ子さんの排尿の間隔は恐ろしく短い。着替え終えるまでにポタポタの危険がある。

「リハビリパンツをどうぞ」

肩を掴んでもらいながら、右足、左足と慎重に通す。間に合った瞬間、達成感と疲れがドッと湧いてくる。

「はぁ〜、し・あ・わ・せ」

椅子に座ったチイ子さんが汗を拭きながら、ほほ笑んだ。広島ももうすぐ梅雨が明ける。

浴室は狭い
浴槽は床置きタイプで、高さがあり、チイ子さんにはまたげない。冬場、浴槽に浸かれないとチイ子さんは寒いと言う。スペースがないので私は浴室に入らずに洗う。洗い場は古いタイプの湯沸かし器がスペースを占めていて、とても狭い。お湯が跳ねて外の床を濡らす。最後にはそこもきれいにしないといけない。

某月某日 グレーゾーン：やったらいけないことだらけ

都合で休むヘルパーの代わりに仕事に行くことを「代行」という。初めてのお宅へは代行日より前に同行して、仕事内容を習う。わかりやすい仕事であれば、あいさつだけということもある。

美人アラフォーの高原さんは、ヘルパーの仕事だけじゃなく、事務局の仕事もしている。高原さんはすらりとしていて年齢より若く見えるので年配者の多いニコサンの中で異彩を放っている。彼女はルールを厳格に守る。*

85歳、要支援2の山本妙さんは、高原さんの担当だけど、次回の休みに私が「代行」することになった。その事前同行時のことだった。

「いつものように換気扇フィルターをお願い」

妙さんがそう言うと、高原さんは3分もかからず交換した。妙さんには届かないが、私より背が高い高原さんには背伸びするまでもなくできる作業だ。

ルールを厳格に守る 記録書のちょっとした書き間違いも、該当箇所に付箋をつけて、提出した人の引き出しに入れてある。その事務を別の人が担当し始めると、そうした指摘を受けることがなくなったので、高原さんが厳しかったのだと知った。

「これは介護保険外サービスなので、有償サービス代*をお願いします」

いや、３分足らずの作業で支払ってもらうの？　そう思っていると、妙さんもすんなり支払う。

「佐東さん、玄関の掃き掃除してくれる？」

高原さんに言われて、掃いていたら、高原さんがやってきて、「ああ」と残念そうな声をあげる。

「玄関って言ったのに、廊下まで掃いたのね。だけど、そこはふだんの生活で歩かない場所なの。そこの掃除分ももらわないと」

なんですと！　私の掃除で妙さんに迷惑をかけてしまう。こんなに厳しくしないといけないものだろうか。

私が「このくらいいいですよ」とやったとする。担当が替わり、次のヘルパーが「それはできない」と言えば、利用者は「前のヘルパーさんは」と言う。言わないにしても、きっとそう思う。だからルールは守らねばならない。それでも、ここまで厳しくすべきなのだろうか。高原さんは、妙さんからさらにお金を受け取った。

有償サービス
介護保険には厳格な利用基準があるため、受けられるサービスの種類や利用条件に制限がある。たとえば、散歩や趣味のための外出介助、同居する家族のための洗濯・調理、買い物、草むしりやペットの世話などは介護保険の対象外となる。介護保険では提供できない範囲をフォローするのが「有償サービス」だ。ニコサンの関連会社に有償サービス会社があり、私はそこにも登録して仕事を引き受けている。利用する側も登録すれば誰でも仕事の依頼ができる。利用料は15分ごとに２５０円。

しかし、妙さんは高原さんを嫌っていない。高原さんはキビキビと動き、サービスで取り入るのではなく、やるべきことをやって信頼を得ている。私もそうありたいと思うけれど、人によっては「有償サービスで出費が増えれば、その分、食費を削らないとお金が足りないのよ」なんて言われることもある。それでもきっぱりと線が引けるのか。境界線はヘルパーにゆだねられている。

サ責の本谷さんから新規の話が来た。* デイサービスへの送り出しと出迎え、行けるだけ受けてほしいという。送り出しと出迎えをそれぞれ週1回ずつ引き受けることにした。

長谷麗香さん。90歳、要介護1。

本谷さんからは「朝、本人が用意して待っているので、支えて一緒にデイが迎えに来る場所まで行ってください」という指示を受けていた。

初日、家まで迎えに行くと麗香さんはなんの用意もしていない。デイへ行く日だということを忘れてしまっているのだ。あわてて家に入り、麗香さんに聞きながら、準備を整え、時間ぎりぎりに送り出した。

新規の話が来た
サ責が、曜日と時間、前後の仕事などを考慮し、このヘルパーなら、と電話で打診される。ニコサンの場合、まず仕事内容や利用者の状況などの説明があり、その仕事を引き受けることにすると、ファックスで詳しい内容が送られてくる。私の「受ける・受けない」の基準は、曜日・時間と距離。以前は新規の打診があると、「どんな人だろう」とワクワクしていた

それから、事前にデイの日であることを電話で告げて、迎えに行くようになった。

しかし、2カ月ほどすると、電話があったこと自体を忘れるようになった。もう本人の準備は期待できず、行ってから一緒に用意するしかない。

さらに数カ月が経つと、下着が足りなくなった。洗濯機に汚れ物がたまっている。サ責を通して、ケアマネに報告し、週1回、家事にも入ることになった。

これでデイの用意をあらかじめできると思ったら、麗香さんがタンスの中に汚れた下着を入れるようになった。タンスをきれいに整えても、次に行くときれいな下着と汚れた下着が混在している。

デイの入浴以外で下着を換えることはないので、デイから帰宅したら汚れ物をすぐ洗濯機に入れてもらえばいい。そう思って、ケアマネに提案してみた。

「デイの迎えに行かれたヘルパーに、帰宅したら汚れ物の下着を洗濯機に入れるようお願いしてもらえませんか？」

ケアマネが血相を変えた。

「あなたは毎回、帰宅後、汚れ物を出したりしているわけ？　出迎えの仕事は

が、親の介護が始まって以降、新規を増やさないようにしている。

『身体』なのよ。『生活』の仕事をされては困ります」

ええ⁉

ヘルパーの仕事には「身体介護*」と「生活援助*」がある。前述のとおり、「身体介護」のほうが、時給単価も高い*場合が多い。たとえば、入浴介助は「身体介護」だけど、時間内に浴室の掃除が入れば、「身体介護」と「生活援助」の半々になる。時給も半分を「身体」で計算し、半分を「生活」で計算する。麗香さんのデイの出迎え*は「身体」で、汚れ物の処理は「生活」に該当するので、ケアマネは私に「生活」をするな、と言ったわけだ。

だけど、汚れ物を洗濯機に入れておくだけで、次回の送り出し時、下着を選ぶ作業が格段にスムーズになる。

「すぐにカバンから出して洗濯機に入れないと、本人がタンスにしまってしまうんです」

「ダメです。その作業はしないでください」

ケアマネには絶対に内緒だが、じつは私は麗香さんを送ったあと、余った時間で夕飯まで作っている。

身体介護
食事介助、入浴介助、排泄介助、更衣介助、体位変換（床ずれを予防するために姿勢を交換すること）、移乗介助（ベッドから車椅子へ、またその逆の移動の手伝い）など、利用者の体に触れる介助のこと。

生活援助
掃除、ゴミ出し、洗濯、食事の準備（食材の買い出し、調理、配膳や下膳など）、ベッドメイク、衣類の整理、買い物代行、病院・薬局でのクスリの受け取りなど、日常生活に必要な援助を行なう。

時給単価も高い
ニコサンではほんの数年前まで、「身体介護」と

最初、デイの出迎えでコーヒーを作って出したら、「おいしいわ」と大喜びしてくれた。それが嬉しくて次にうどんを作ったら、また喜んで即完食してくれた。麗香さんは喜びを顔全体で表現する。それが嬉しくて、つい毎回料理を作る。そんなことを知ったら、ケアマネは激怒するだろうな。

でも、寒い日、寒い部屋に送って、「はい、さようなら」と帰れない。温かい食べ物と飲み物を出して何が悪い。……そう思っちゃいるけど、問題行動なのだ。幸いなのは、麗香さんはみんな忘れてくれることだ。私がコーヒーを出したことも、うどんを作ったことも、それをおいしく平らげたことも、みんな忘れてくれる。ケアマネにもほかのヘルパーにも伝わることがない。私は安心して〝ルール違反〟をし続ける。

「生活援助」の時給が一緒だった。それが最近ようやく「身体介護」のほうが「生活援助」よりも400円高くなった。

麗香さんのデイの出迎え
デイの送り出しと出迎えは、30分だけど「身体」で、立地のいい場所なら、本来「おいしい仕事」といえる。だが、麗香さん宅までは石段がものすごい。そのうえ、デイへ行きたがらない。さらに用意に手間取る。「おいしい仕事」はそうそうないのだ。

某月某日　**おいしい仕事、危険な仕事**：ヘルパーは飲食禁止

そのお宅では、一緒にコーヒータイムをすることが許可されている。一緒に調

理をすることも、それを一緒に食べることも許可されている。

87歳の香川恵子さんは要支援2。原因不明の体調不良でメンタルが弱った時期があり、そのタイミングで介護ヘルパーと有償サービスの利用を始めた。

有償サービスに仕事のしばりはほとんどないが、ヘルパーの仕事と同じく贈り物を受け取ってはいけないし、飲食は禁止となっている。

だが、恵子さん宅ではケアマネから飲食の許可が出た。頭もはっきりしていてやさしい恵子さんは、きれいな食器やおしゃれな料理に誰かが驚くのが喜びだった。ヘルパーにとっては「おいしい仕事」*だ。

これまで訪問先でおいしそうなお菓子や飲み物を出されても「ヘルパーはいただけないんですよ」と言わねばならなかった（ときどき少しだけ口にしていたけど）。それがここでは堂々といただくことができる。

台所の床にモップをかけていたときだった。シンク横にボウルに入ったイチゴが置かれていた。

のぞくと、ナメクジのかじりあとだらけだった。ああ、ベランダで育てていたイチゴがダメになったんだ。自分が育てたものはダメになってもなかなか捨てら

*ヘルパーにとっては「おいしい仕事」
あまりラクすぎても、なかなか時間が経たないし、利用者に申し訳ない気持ちにもなる。達成感と仕事量のバランスがとれた仕事が好き。性格のいい（性格が合う）人、時間におおらかな人もありがたい。一番「おいしかった」仕事は、とってもやさしくて話も合う人のところへ、毎日30分だ

れない。その気持ちはよくわかる。でも、このままにしておけば、残ったナメクジを台所に放置することになる。あとで袋に入れてきちんと捨てることを提案しなければならない。

そう思いながら、モップがけとトイレ掃除を終え、リビングに行くと、きれいなグラスに入ったジュースが置いてある。

「ご苦労さま。もうゆっくりして。イチゴジュースを作っておいたわ。そう、うちのベランダの。不細工だけどね、味はおいしいわよ、どうぞ」

断れるわけがない。死ぬ気で飲んだ。

恵子さんは自称「良家の出身」で、実際上品だ。だけど、紙をめくるときや、お金を数えるとき、指をベロベロなめる。＊衛生上どうかと思うが、プライド高い人に、そんな注意をできる気がしない。

調理でもやたら菜箸をなめる。煮物の火の通りを調べるのに、箸を刺すだけではなく、少しかじる。そして、それを鍋に戻す。

これまでも、別のお宅で、「私が作ったの。味きいてみる？」と言われたことは何度もある。いつ作ったのか、正しい保存方法だったのか、すごく気になると

け、様子を見に行く仕事。永遠に続けていたい仕事だったが、期間限定で３カ月で終わった。

指をベロベロなめる　ベロベロというよりもベロベロなめる。利用者からは両替希望も多い。動きにくい指で硬貨が出しづらく、レジで後ろの人を待たせたくないという理由から、支払いはいつもお札でするという人もいる。硬貨がたまって困ると言うので、ときどきお札に両替してあげる。ＡＴＭで下ろしたお金が１万円札で、タクシーに乗ったとき、嫌な顔をされるからと１０００円札にしてほしいと言う人も多い。ヘルパーの仕事ではないけど、お安い御用なので私は構わない。だけど、札をベロベロ数えるのだけは勘弁してほしい。

ころだけど、「ヘルパーは飲食禁止」というルールがあったので、きちんと断ってきた。「本当は食べたいんですけど、ヘルパーはいただけないんです」そう言えば、悲しい顔はするが、たいてい納得してくれる。

なのに、ここではそれができない。

「佐東さん、今日はね、ケーキがあるの。ほら、昨日、息子と美術館に行ったでしょ。美術館のカフェに、今回の美術展にあわせたケーキがあったの。カフェで食べたらおいしくて、佐東さんにも買ってきたのよ」

昨日だったら大丈夫か。でも、本当に昨日なのかな。恵子さんはたまに数日前のことを「昨日」と言ったりする。勘違いってことはないだろうか。

カレンダーを見る。昨日のところにサインペンで「美術館」と書いてある。

セーフ。

素敵なお皿に乗ってケーキが出てきた。

「いただきます」と言って一口食べる。ぬるい。

「あ、そうだ。『おさがりいただきます』って言うのを忘れたわ」

恵子さんはあわてて仏壇に行き、手を合わせた。

仏壇
供えて下げ忘れ、カチカチになったご飯だけを数日分ため、それをお粥にして出してくれた利用者がいた。戦争経験者にとってご飯を捨てるの

えっ? これ、昨日からずっと仏壇*にあったんですか?

「ヘルパーは利用者宅で飲食をしてはならない」

これってヘルパーを守るためのルールだったんだ。

某月某日　世知辛い世の中…こんなことにもお金をとるの?

金田美子さんは身体障害者手帳*を持っている。病院でそのことを聞かれるとスイッチが入る。私が初回に聞いた例の話だ。医師相手バージョンは少し長い。

「私は1人目の子ですの。1歳すぎても歩けないことを、親は不思議に思ってなかったようですの。昔ってのんびりしていたのね。それがね、年子の妹が歩きだして、あら、美子が歩けないのはおかしいんだわって、あわてて病院に連れて行ったらしいの。だけど、もう手遅れでね。早く連れて行けば治ったのに、もうこんな歩き方しかできない脚になっちゃったんです。子ども時代はいじめられましたとも。だけどね、じつはモテるのもモテていたんです。結婚してほしいって

が難しいのはよくわかる。今はご飯ではなく、ナマのお米を供えることをお勧めしている。

身体障害者手帳　身体障害者が各種福祉サービスを受けるために提示するもので、重い順に1級から7級まである。利用者で重たい級を持っている人は、心臓に人工弁を入れたり、ペースメーカーを利用したりしている場合が多い。

人もいたんですよ。だけどね、母親の脚がこうだったら、私がいじめられたように、子どももいじめられるかもしれない。おまえの母ちゃん、脚がヘンって。そう思って、結婚をあきらめましたの*。そのことをね、いい決断をされましたね、偉かったですね、って言われる方もいるんです」

長々と話し続ける美子さんに医者はたいていうんざりした顔*をする。付き添っているこっちも気が気じゃない。

美子さんはケチだ。ケチを通り越してドケチといってもいい。有償サービスを利用しての通院付き添いだけど、その帰り道に美子さんが腕時計を凝視している。有償サービスは15分単位の料金計算だが、美子さんは「14分までなら無料」だと主張する。付き添いが44分なら、15分2単位分だと言う。

「いや、15分を1分でも超えたら、次の単位なんです」と説明したら、杖で床を叩きながら反論する。自分のお金は1円でも無駄にしたくない。

唾を飛ばしながらの必死の反論を聞いていると、「今回だけは」と許しそうになる。だけど、前例を作れば、次回別の人に「あの人は14分はセーフだったのに」と言いかねない。本来してはいけないことをサービスでしてしまえば、別の

結婚をあきらめました
この話は耳にタコができるほど聞いたが、とくに「モテた」「あえて結婚しなかった」という部分を強調して繰り返す。美子さんがどうしても伝えたいポイントなのだろう。

うんざりした顔
途中で話をさえぎる医者もいるが、美子さんだって負けてはいない。さえぎるのも無視して、言いたいことは必ず言い切る。そんなとき、医者はどうにかしてくれと責めるような、助けを求めるような目を私に向けてくる。

ヘルパーが「あの人はしてくれたのに」と悪者になる。

ある夜中、美子さん宅のトイレの水が止まらなくなった。美子さんはパニックになった。近所中に電話したらしいけど、誰も出ない。みんな、誰からの電話かわかったんじゃないかと思う。ナンバーディスプレイで美子さんの番号が表示されていたら、絶対出ないと思う。

美子さんがエラいのは、24時間受付で高額請求の来そうな業者には電話しないところ。結局、ニコサンに電話したらしい。電話はサービス責任者へ転送*され、本谷さんが呼びつけられた。

そもそも電話をとるのは急病などを心配してのことだ。水が止まらないことまで事務所は面倒をみられない。

美子さん宅にもっとも近いのは私だが、さすがに頼めない時間で、サ責の本谷さんがバイクを飛ばして駆けつけると、まるきり関係ない業者が1人いたそうだ。手当たり次第に電話して、彼もまた強引に呼びつけられたらしい。専門外の2人の力でどうにか直し、本谷さんが有償サービス代を請求すると、

「なんで!?　こんなことにもお金をとるの？」

電話はサービス責任者へ転送
事務所の電話は24時間365日つながるようになっていて、サ責の携帯に転送される。命の危険がある場合もあるので、サ責はたとえ深夜でも電話に出る。

と叫んだという。

本谷さんは「あの方、ニギリ*やからね」と笑いながらその話を教えてくれた。

この話は、訪問した折、美子さんからも直接聞かされた。

「本当に世知辛い世の中ですこと。誰もただでは駆けつけてくれやしない。佐東さんは携帯番号を教えてくれないし」

「そうですね」にっこりほほ笑んでスルーする。

私にできるのは、いつものケアをしつつ、愚痴を聞くだけだ。

でも、これだって案外難しい。同意すれば自分は正しいと思い込むし、非難すれば激怒される。だから、ふんふん聞くだけ。

美子さんの話をふんふん聞き続けたのが功を奏したのか、

「今日はあなたにチップ*をあげるわ」

と機嫌よく言う。

ヘルパーは金銭をいただけませんと断ろうとしたら、〝ニギリ〟の美子さんの手にあったのは財布でも現金でもなく湿布だった。チップじゃなくてシップ。

障害者手帳を持っている美子さんは重度医療を受けていて医療費が無料に近い。

ニギリ
広島弁で「ケチ」の意。お金を掴んで離さない様子から来ている。【用例】美子さんはニギリじゃし、すぐはぶてるし、やねこいね。【訳】美子さんはケチだし、すぐすねるし、面倒ね。

チップ
たとえば、ある利用者は中元歳暮の時期、3000円を手に私に迫った。「私は世話になっている人には中元・歳暮をすることにしているの。だからもらってほしい」と。

「もらえるものはなんでももらう」精神で、毎回湿布をもらうが、使いきれない。その余りを私にくれるというのだ。

「これってね、薬局で買うと結構高いというじゃない。だから、あなたにその現金分を支払ったようなものよね。これで時間オーバーもOKよね。トイレを直すために2人も家の中に入って、ホコリがたったと思うの。いつもより丁寧に掃除お願いね」

某月某日　「ああ、辞めた」…離職していく同僚たち

ニコサンで働きだしてまもないころ、事務所へ行くと、先輩ヘルパーの女性がいた。名前は知らなかったが、事務所で何度か顔を見たことがあった。私と同年配で、受け答えも明るくキビキビとした、仕事ができる人という印象だった。

「ありがとう。ニコサンに入ってくれて」唐突にお礼を言われた。

もちろんもらってはいけない決まりだし、うっかりもらって「佐東さんは受け取りましたよ」なんてほかのヘルパーやケアマネに言われるのも怖い。丁重にお断りした。

「いい人が入ってきたねえ、ってみんなで喜んだのよ」と続ける。

いい人かどうかなんてわかるほど仕事してないのにと思ったけど、ヘルパーになって褒められたのは初めてだったので、ふつうに照れて、喜んだ。*

期待に沿えるよう頑張ろうと張り切っていたが、ほどなく見かけなくなった。

何かの折にその人のことを尋ねると、立板さんが、

「ああ、辞めた。堪《こら》え性ない人はダメね」

と言って鼻で笑う。

収入の少なさと仕事のきつさで離職する人は多い。辞める理由の上位には、人間関係もある。人間関係の難しさは施設職員のほうがたいへんだろうけど、ニコサンのような小さな事務所は小さな事務所なりにそれぞれの思いが直《じか》にぶつかりやすい。

「あの人、身体介助で手袋をつけていたのよ。*それは利用者に失礼じゃないのって注意してあげたんだけどね。生半可な気持ちじゃ続かないわ」

立板さんはその人のケアの仕方がなっていなかったと言って肩をすくめる。

ルールに厳しいけど、正しく、とっつきにくそうだけど、しゃべってみたら案

褒められた
褒められるのが一番のモチベーションアップになるのは間違いない。ほかに私が褒められるのはたいていは身長ゆえのことだ。踏み台を用意してくれて、棚の上のものをとってくれと言われるが、踏み台なしで大丈夫。「おおっ!」と拍手してくれるが、そんなのは全然嬉しくない。

身体介助で手袋をつけていた
自分の身を感染から守るためだったり、感染を拡げないためだったりするが、悪いことではないは

外やさしかった高原さんもいつのまにかいなくなった。* これも事務所内の立ち話で聞いた。

事務所内の人間関係や小事件、どこまで本当かわからないことを立板さんは垂れ流していたが、高原さんが辞めたワケは何も言っていなかった。立板さんが面白がるような理由がなかったのだろう。若くて美人な高原さんなら、ほかにいくらでも仕事があるような気がした。

誰かが辞めても、よほど親しくなければ、報告もなければ、あいさつもない。あとでなんとなく知ることがほとんどだ。

年齢を理由に辞める人は、新たな仕事を増やさないという形でフェイドアウトしていく。入院したり、入所したり、亡くなったり……担当利用者は自然に減っていく。新規を受けさえしなければ、自動的に自分の担当の仕事は減っていくのだ。

自身の体調で辞めていく人もいるし、身内の介護で辞めていく人もいる。介護職が介護離職というのもヘンな話だけど。

「私はね、体調を崩したときもあったけど、辞めなかった。父の介護も、仕事と

ず。ただ利用者側が感情を害することもある。立板さんは「手袋はつけない」という妙なこだわりを持っていて、そのことは別に構わないが、それを人にも押し付けていた。

いつのまにかいなくなった　私が研修期間中に同行した、雑巾を便器で洗っていた米村さんもいつのまにかいなくなっていた。あの事件後も何度か見かけたから、事務所がクビにしたわけじゃなくて自分で辞めたのだと思う。

両立させたわよ。みんな、根性がないのよ。簡単に辞めすぎ。結局、大人ではないわね」

立板さんは鼻の穴を膨らませて言った。

某月某日　身の上話：誰にどこまで話そうか

私の息子たちには障害がある。長男は重症心身障害者で、医療ケアが必要だった。下の子は、自閉症*だ。そのことを隠すつもりはさらさらない。だけど、利用者によってはあえて言わない。

利用者宅で、私の腕の傷を見て、「猫でも飼っているの?」と聞かれ、「息子です。夕べ、自閉症の息子が暴れて」と言うと、「あら、そう」で終わる。

終わらせないのはむしろヘルパーだ。

立板さんが事務所でこう話したそうだ。

「今日、代行で行くと、利用者さんが佐東さんの個人情報を私に言いました。息

自閉症
自閉スペクトラム症。障害の解説書にはこんなふうに説明してある。「気持ちの共有や会話が難しい、表情から気持ちが読み取れないといった対人関係や社会的コミュニケーションの困難。特定の音や光などの感覚刺激への偏った反応。特定のものや行動における反復性やこだわり。こうした特徴が幼少から見られる」…たしかにそんな特

子さんに障害があって暴れるみたい、って。これは大問題です。人に知られてはいけない個人的なことを利用者さんに話さないようにしましょう」

私は息子の障害のことを「知られてはいけない」ことだと思っていない。

年配の人には立板さんのように考える人が多い。そういえば、義母も、孫の障害を近所に必死に隠していた。*

私よりはるか長く生きてきた人の考えを容易に変えられないことは実感している。年配者に無理に「自閉症とは」を理解してもらおうとは思っていない。

それでも、「佐東さん、障害がある息子のこと、いつも楽しそうに話していたな。息子さんのやらかしも笑っていたな」なんて頭の片隅にでも残っていたら、自身が障害を負ったとき、そんなに特別なことではないと思ってくれるのではないかと願っている。

でも、息子の障害について、あえて話さないようにしている利用者もいる。

そのひとりが多田安子さんだ。ニギリ・金田美子さんに匹敵する吝嗇《りんしょく》である。

でもちょっとタイプが違う。

安子さんの場合、支払いを値切ることはない。ただ、安いものが好き。自分が

徴のある人は自閉症だと思う。それでも親としては「うちの子は、私の表情を読むぞ」とか、「自閉症の○○君はおしゃべりが上手だけどな」とか思ってしまう。一般的な人が「青」だとして、自閉傾向の強い人を「赤」だとすると、「赤紫」や「青紫」といったようにいろんな自閉症の人がいる。これは解説書を読んだだけではわからないことでもある。

必死に隠していた
ふだんは障害のある息子たちにもやさしかった。しかし、地元紙の読者投稿欄に、息子のことを書いた私の文章が名前入りで載ったことがあった。「近所の人が見たら、どうするの！」義母は激怒して電話してきた。その怒りは数カ月続いた。その近所の人が気づいたのか、知らない。

得をするのが好き。そして、なんらかの手当てがつく人が大嫌いだ。

大事な税金が誰かに流れていくのが許せない。生活保護の人を目の敵《かたき》にしている。おそらく障害者のことも嫌いだと思う。障害手当、重度医療など、許せないに違いない。なので、わが子の障害について隠している。

「お子さんは？」「年は？」「何をしているの？」「結婚は？」

そういう質問はのらりくらりとかわしてきた。初めてお宅を訪れたとき、安子さんは92歳。あれからもう5年がすぎる。こんな長い付き合いになるとは思わなかった。もう、息子の状況を隠すのに疲れている。だけど、今さら言うわけにもいかない。

100歳の大台*が見えてきた安子さんは「私もそろそろお隠れになりたいよ」と、半分本気の顔で笑う。でもまだ長生きしそうだ。

新規の利用者、隅田佳人さんと多佳子さん夫妻はともに80代後半。多佳子さんは末期がんでベッドに臥していることが多い。

「佐東さんはお子さんはいらっしゃるの？」

100歳の大台
「キンさんギンさん」の時代は、100歳なんて特別な人と思っていたが、今はそこここにいる。なかには「私、なんだか死にそうにもないの」と言う人も。90代後半の親を持つ友人が「うちは母が高齢出産だったから、私が60代前半で100近い

横になった多佳子さんが問う。安子さんのところでは、最初に息子の障害について話さなかったのが失敗だったという思いがあった。

「はい、障害のある息子がいます」

夫婦がはっと息を飲むのがわかった。そして、そのあとその話題には一切触れなかった。

その日、隅田家を辞去したあと、息子のことを話したのは失敗だったかなと思った。

それから何度かケアに通ったあとだった。

「前に佐東さん、言ったじゃろ、息子さんのこと。あのぉ、うちもおるんじゃ。障害のある息子が。今は、ボラさんの力を借りて、ひとり暮らしに挑戦中よ」

「わあ、すごい」

きっとその場では言えなかったのだ。夫婦で相談し、考えて考えて、ようやくこの日、「障害仲間」の私にカミングアウトしてくれたのだと感じた。生きてきた時代の差なのかもしれない。

「息子ね、学生時代、文化祭の実行委員に立候補したこともあるの」多佳子さん

母の面倒をみているけど、みんなは75くらいで100歳の親の面倒をみるのでは？」と言った。長寿はめでたい。だけど、そのケアは身内だけで頑張りすぎないことも大切だ。

が言う。

「わあ、かっこいい」

車椅子を使っていたことは聞いたが、知的障害はあるのか、支援学校だったのか、自慢の息子さんの詳細は「利用者基本情報*」にも書いていない。

「最近は私たちがクルマで迎えにいってやれなくなったから、電車で自力で帰省するって言っているのよ」

「息子さんにお会いしてみたいです」

「きっとその機会があると思うわ」多佳子さんが嬉しそうに言った。

だけど、その機会はこないまま、お二人はまもなく亡くなった。

利用者基本情報
住所、生年月日、認定情報（介護度）、住居環境、病歴、生活状況などが書いてあり、その人の状況を把握するのに必要なものだ。その「家族構成」の欄に家族の存在が書いてありながら、「本人に家族のことを一切聞いてはならない」と注意書きされている人も。利用者の事情すべてをヘルパーが知っているわけではない。

第2章

身内に泣かされる

某月某日

パワハラ娘：5ミリのズレも許しません

花木雪枝さん。92歳、要介護4。

土気色の皺の多い顔。うっすら開けたままの口。うつろなグレーの目。だらりと力の入ってない四肢《しし》。

初日は、まだ研修中で立板さんがするケアを見ただけ。紙オムツ交換。着替え。ベッドからポータブルトイレへの移乗。トイレから車椅子*への移乗。部屋の移動。それらを同居する娘の成子さんの指示のもと、一緒に行なう。

ベテラン立板さんの手際に不満があるのか、ケアを見守る成子さんは空中でもどかしそうに手を動かしていた。

立板さんのケア*に愛情は感じられなかったけど、スピードはある。たぶん、それでぎりぎり及第点だったのではないかと推測する。

成子さんは、最初のあいさつのとき、私の頭の先から足の先まで一往復見たあ

車椅子
福祉用具のレンタルとして借りることができるが、自費で購入しても3万円以下で買えるものも。「ホームセンターでリハビリパンツの横に売っている」と利用者が言うので、見に行くと、本当に横に並べてあった。私は、親用の車椅子を、福祉用具の業者から中古で購入

とは、こちらをちらりとも見なかった。

その1週間後、私だけで訪問すると、突き刺すような強さを持って私の目を凝視して言う。「年齢は？」

私が答えると、

「ヘルパーの平均年齢ね。そのわりに新人でしょ？　経験のなさが透けて見えているわ」

突き放すようにそう言った。成子さんは元教師。姿勢のよさとハキハキした口調はたしかに教師っぽい。

成子さんに見守られながら、さっそくケアに入る。着替えを手伝うと、雪枝さんの背中の美しさに気づく。白くてシミひとつなく、背中だけなら40代にも見える。立板さんと一緒のとき、手順をメモするのに必死でそのことには気づけなかった。そんなことを考えて、一瞬ぼうっとしたらしい。

「手っ！」

成子さんが怒鳴る。あわてて着替えの続きをしようとすると、指先が思うように動かない。舌打ちされるとなおさら。


した。新品同様のものが安価で購入できた。酸素ボンベを乗せられるタイプのものが必要になるとレンタルにしたが、月数百円だった。長い期間、使うのなら買ったほうが得だけど、特殊なタイプやどのタイプの車椅子が向いているかわからない際に低価格で試せるのは嬉しい。

立板さんのケア
立板さんのケアは手早いし、そつがない。だが、誤嚥（ごえん）の可能性のある人のケアも恐れを持たずにしているようでかえって怖かった。命に関わるケアは手早さよりもつねに緊張を持って慎重に行なうべきだと思う。

手順は予習し、実際に体を動かしながらシミュレーションしてきた。その努力が無駄になりそうな焦り。叱られると、仕事の手腕だけでなく、私の存在そのものまで否定されたような気持ちになる。

続いて、車椅子への移乗*をすると、「違う。5ミリずれた。もっと右！」。

「私は常勤だから、うちが抱えている利用者さんのこと幅広く知っているの。だから、たいへんそうな家は教えてあげるわ」と言っていた立板さんは、自分が抱えていたこの家を私に押し付けてきた。

「同居の娘さんがほとんどしてくださるから楽よ〜。本当は譲りたくないんだけど、私、この曜日、お昼を食べる時間がなくて、行ってくれると嬉しいのよ」

ウソツキ。

車椅子を別の部室へ移動させようとしたら、部屋にものが多く、ギリギリ通れない。切り返そうとしたら、成子さんが立ちふさがった。

「切り返しするな、バカ。1回で決めろ！」

ほんの少しの切り返しも許せないのは、前に他事務所のヘルパーが乱暴に切り返し、雪枝さんの上半身が大きく揺らいだことがあるからだと、あとでサ責に聞

車椅子への移乗
車椅子移乗ケアの経験はあまり多くなく、「立ち上がることはできるけど長くは歩けない人」の車椅子を押す機会が多い。先日、父の車椅子を押してエレベーターに乗ると、「エレベーターは後ろ向きに乗るもんだ」と注意を受けた。身内の言葉に自分のケアを反省するのであった。

いた。理不尽な言動にも理由はあるのだ。

バカと発せられるたび、心の中で「正」の字を書く。毎回５回は超える。今日は６回。正一。人の名みたいだ。

シニアなルーキーの私も少しずつ成長しているはずなのに、成子さんからの「バカ」の回数は増えていった。


今日は、介護保険の身体ケアの前に有償サービス利用による雪枝さんの見守りがあった。成子さんは近くのスーパーへ急ぎ足で買い物に行った。雪枝さんと成子さんは２人暮らし。近くに頼る人もなく、雪枝さんを見ていてくれる人がいないと買い物にも行けない。

部屋の掃除でもしていようかと成子さんに提案すると、

「母だけ見とけ。バカ！」。そう言い捨てて出て行った。

見守りの留守番中、雪枝さんの灰色の目がいつもより開いている。

「雪枝さん。昔、保育所の先生だったんですってね」

そう言うと、さらに目が見開かれた。

「子どもってかわいいですよね。でも、小さな子をたくさんみるのはたいへんじゃなかったですか」

雪枝さんに発語はない。だけど、保育所の話になると、目に輝きが宿った。

「市立の保育所だったんでしょ？　どこでお仕事されていたのかなぁ。K保育所？　A保育所？」

いくつかの保育所名で、目を輝かす。雪枝さんの「利用者基本情報」の「趣味・楽しみ・特技」の欄に野球観戦と書いてあったことを思い出す。

「雪枝さん、野球観戦が趣味だったんですね。誰のファンだったのかなあ。山本浩二？　衣笠祥雄？」

広島県人の大方がファンであるカープ*選手の名前をあげてみたけれど、目はどんどん細くなっていく。

部屋を見回すと、色あせたジャイアンツのタオルがあった。

「ジャイアンツファンですか？」

雪枝さんの目がまた見開かれた。

「あ」

広島県人の大方がファンであるカープ
カープは広島にとって特別な存在で、3連覇のころにはチケット争奪戦がすさまじかった。私もチケット入手のため、コンビニで数時間すごし、ヒザを傷めた。２０２４年現在はチケットの購入方

小さな声も聞けた。

成子さんが買い物から帰ってから、身体ケアをスタートさせた。成子さんがいるとどうしても緊張する。

雪枝さんと通じ合った話を成子さんに話す間もないまま、ケアを始める。

雪枝さんを抱えるとき、私はヒザをしっかりと曲げ、腰を落とすのだが、その日、家具の配置が変えてあり、ヒザを曲げるスペースがなかった。それを成子さんに伝え、場所を移して安全にケアすればいい。

なのに、それが言えない。成子さんが怖いのだ。

狭いスペースでヒザを伸ばしたまま、腕の力だけで雪枝さんを抱えようとした。

ビキッ！　腰に激痛が走った。

どうにかその日のケアを終え、這うように病院へ行った。痛み止めと数日の安静だけですぐによくなった。

だけど、またあの家に行かねばならないと思っただけで、腰痛がぶり返す。このときから私は軽い腰痛持ち*になり、メンタルに響くことがあると痛みが出るようになった。あのとき、「この状態では抱えることはできません」ときちんと言

法も変わり、1年分完売ということもなくなった。たいていの利用者は前日のカープの勝敗を把握しており、選手の名前もよく知っている。2024年、新スタジアムがオープンしたサンフレッチェ広島も根強い人気だし、2024年はバスケットボールのドラゴンフライズの優勝に沸いた。スポーツに熱い土地柄である。

私は軽い腰痛持ち
雪枝さんのケアで腰を傷めて以来、ときどき痛くなる。ストレスなどで腰痛を感じるときもある。でも今は睡眠が多くても、いわゆる「固まった」状態で腰が痛いときがある。加齢によるものだろう。これればかりはもう仕方ない。

うべきだった。

心身の状態をサ責の本谷さんに告げると、

「わかった。佐東さんが言うんじゃよっぽどね。それじゃあ、雪枝さんの担当から外れてもらうことにするね」

とあっさりと認められた。「でも、その分、ほかの方の仕事、やってもらうからね」という言葉に本谷さんの気遣いを感じた。

そして、この仕事はまた立板さんの担当に戻った。

雪枝さんのケアは、これまであちこちの事業所が「もう行けるヘルパーがいない」と音を上げてきたケースで、原因はすべて成子さんの問題だった。

成子さんはできることなら雪枝さんのケアをすべてひとりでしたいのだと思う。母親への愛が深いがゆえに、他人のケアに100点が出せない。本人の快適さ、安全性、スピードのためにヘルパーに来てもらっているものの、どんなベテランも「自分」ではない。成子さんが欲しいのは「もうひとりの自分」なのだ。

うちの事務所が手を引けば、本格的に行き先がなくなる。ニコサンも立板さん以外に行けるヘルパーがおらず、彼女が行く日以外は、ケアマネ、サ責も行くと

一番語りたい相手は成子さん
「福祉とは、利用家庭のすべてを受け入れることよ」。成子さんは、数日で逃げた別のヘルパーにそう説教したことがある

いう形の綱渡りがその後も続いている。

腰が治ったある日、急に担当を離れたお詫びと、あの日の雪枝さんとのやりとりを手紙に書いて、雪枝さん宅のポストに投函した。

成子さんは手紙を読んだら、「バカ！」と言って丸めて捨てるだろう。

私は成子さんと心を通わせたいわけではない。それでも、あの日の雪枝さんのことを一番語りたい相手は成子さん*だった。

某月某日　ペットのお世話は……鳥好きと犬好き

ヘルパーの仕事には縛りが多い。そのなかのひとつ。

「ペットの世話はしてはいけない*」

高齢の親にペットを勧める人がときどきいる。親が飼えなくなったとき、自分が引き取る覚悟があるのだろうか。それとも、そのときは捨てる気なのだろうか。

いつもそんなことを考える。


と聞いた。逃げ出した私のことを、成子さんはすぐに記憶から消しただろう。だけど、私は忘れない。怒りとか恨みとかからではなくそう思う。二度と行きたい家ではないけど貴重な経験だった。

ペットの世話はしてはいけない　身寄りがなく、お金もなく、脚も悪い利用者が

わが家は鳥好き家族＊だ。誰かが病気などで飼っている鳥を手離さなくてはならなくなったときのため、引き受ける余力を持っておこうと思っている。だけど、鳥を飼っている人になかなか巡り合わない。メダカを飼っている人＊には何人か巡り合ってきたけれども。

新規の小宮緑さんは85歳の要介護1。初回訪問時、ペットは飼っていないはずなのに室内には犬用のグッズがあふれている。いったいどうしてと思っていると、目の前を白や黒の物体が走り抜けていった。

「チーちゃん、トイちゃん、マルちゃん、ラブちゃん」

緑さんが呼ぶ。チワワのチー、トイプードルのトイ、マルチーズのマル、ラブラドールレトリバーのラブだろう。3匹のチビたちと、その後ろから大きなラブがやってくる。

「あの。これは?」と、初めてのケア日で私の紹介のためについてきたサ責の本谷さんが目をむく。

「チビちゃん3匹は娘んちの。大きい子は息子んちの。どちらも、昼間、家に誰もいなくなるから、さびしがるでしょ。それでここに預けて仕事に行くの。その

「豆柴の仔犬が生まれたらもらうことになっている」と言ったときは必死にとめた。「残り少ない人生、好きに生きたい」と主張したが、散歩にも病院にも連れて行ってもらえない犬の身にもなってほしい。

わが家は鳥好き家族
小鳥屋で真冬だというのに外に出されていたヒナ（保温が必要）がかわいそうで連れて帰ったのがきっかけ。別のペットショップでは、パニック癖で血まみれになっていたインコを買って帰った。そんなこんなで現在、5つの鳥用ケージがリビングにあり、夏冬は人間が留守の昼間もエアコンをつけている。今後、どこかで助けねばならない鳥に出会ったときのため、余力を残すべく、今は増やさないようにしている。

ほうが私もさびしくないしね」

「この前、契約に来たときはいませんでしたね」

「あの日は土曜日だったからじゃないかしら」

「申し訳ないのですが、ペットの世話はヘルパーはできないことになっているんです」

「もちろんです。この子たちは朝ご飯を食べてからここに来ますし、夕ご飯は帰って食べるので大丈夫ですよ」


その次のケア日。「こんにちは」と言ってドアを開けると、ちょうど緑さんが杖をつきながらトイレに行こうとしていた。

少しよろけたのを見て、すぐに支えようとあわてて室内に足を踏み出し、私はひっくり返った。フローリングの、茶色い粘度のある液体を踏みつけて転んだのだ。

緑さんにぶつからなくてよかった、とひとまずホッとして、わが身の惨事を把握する。腰から足にかけて液体がべったり付着している。

メダカを飼っている人
これまで私が行った家で一番多いペットはメダカだ。手がかからず、かわいい。でも、メダカが１匹死んだのをそのままにし続けたせいで、水質が悪化して全滅。夏場だったこともあり、室内がすごいニオイだったことも。メダカを飼っている人が亡くなると、いつも「あのメダカはどうなったんだろう」と考える。

ラブの下痢便だ。犬用のトイレは用意してあり、ペットシートも敷いてあるが、今回はそのトイレまで間に合わなかったと思われる。下痢は急にやってくるからね。間に合わないこともあるだろう。

拭いたけど、ニオイがすごい。次の家に行くまでに着替えないと迷惑をかける。床も掃除した。これは「掃除」という分類なのか。それとも「ペットの世話」になるのだろうか。

「ねえ、佐東さん。ラブは大丈夫かしら。病院に連れて行かないといけないかしら」

ラブちゃんの心配より、私の心配は？　ラブはときどき室内に漏らす。それを拭かないと緑さんが転ぶかもしれない。

その日、ベッドの下をモップがけすると犬のフンがたくさん転がり出てきた*。さらにあまり使っていない部屋に積まれた服をハンガーにかけようかと思ったらまた犬のフン。乾いていてよかった。

苦情をケアマネに伝えることもできる。だけど、それが解決だろうか。犬のフンをなくそうと思ったら、犬を連れてこないでくださいということになる。緑さ

転がり出てきた
犬猫を飼っている人の家ではロボット掃除機を使っていることが多い。散らかる毛を吸い取らせるらしい。ただフンを掃除してしまうと、そのニオイがあたりにバラまか

んはがっかりするだろう。

それに緑さん宅に入っているヘルパーは私だけだから、苦情を言ったのが私だとすぐわかる。いつも笑顔で感謝を伝えてくれる息子さん娘さん*との関係を悪化させたくもない。

ラブが私の足元で「クォン」と鳴いた。ごめんと言っているように聞こえた。

「いや、あんたが悪いわけじゃないんだけどね」

私がそう言うと、大きな体をブルンと震わせた。大量の毛がふわりと舞い上がった。

某月某日　介護ヘルパーになったワケ：結局、笑い話じゃん

ニコサンのヘルパー仲間には、障害のある子を持つ親が、私以外に3人いる。

彼女たちのひとりは「人を世話するのに慣れているし、せっかく身に着けたスキルを活かさないと損だと思ってヘルパーになったのよ」と言う。私はどうだろ

れて、たいへんなことになると聞いた（わが家にはないのでその経験はない）。緑さん宅はロボット掃除機を使っておらず、あちこちにフンが転がっていた。

感謝を伝えてくれる息子さん娘さん　ほとんどの利用者家族はヘルパーにやさしい。会えば、感謝の気持ちを伝えてくれる人も多い。緑さんの息子さん娘さんもそうで、最初に会ったときにも「佐東さんは犬アレルギーは大丈夫ですか？」と気遣ってくれた。

うか？

　長男は生まれたときから医療ケアが必要だった。

　身体障害も知的障害も最重度。寝たきりで発語もなし。その障害について、彼と暮らす歳月が受け止めさせてくれたと思っているが、体の弱さはいつまで経っても受け止めきれなかった。骨がもろく、簡単に骨折してしまうし、すぐに高熱を出す*。発熱すれば、風邪では終わらず、たいてい肺炎になり、入院することになる。

　長男の体調不良に心が折れながらも、そのケアの手際だけはよくなっていった。すぐにのどをゼロゼロ言わせるので、しょっちゅう痰を吸引する。褥瘡《じょくそう》防止の体位変換を2時間ごとに行なう。日に3回ミキサー食を食べていたのに、嚥下《えんげ》力の低下により、小学校4年のときに胃瘻《いろう》*を造設。日に3〜4回、胃瘻から栄養、水分、クスリをとらせるのと、胃瘻の管理*もある。

　排便のための力が弱い長男は下剤を使っていた。下剤が効きすぎて、大量に出ることがあり、「土石流うんち」と呼んで、夫と工夫して処理していた。

　すっきりときれいに出したあとの長男の気持ちよさそうな顔。

高熱を出す
5分前、ニコニコして元気だったのに、突然39度の熱を出したりする。聴診器を用意したが、風邪と肺炎の音の差が素人にはわからない。パルスオキシメーターがホームセンターに売っている時代ではなく、今のように数秒で測れる体温計もなかった。心配のあまり、しょっちゅう測るので体温計をしつこく押し当てるようにはさんだ脇の下が赤くなるほどだった。

胃瘻
お腹に穴をあけて、胃にダイレクトに栄養を入れる。それより前は、鼻から胃までチューブを通し、そこから栄養を入れていたが、息子は鼻が痛いらしく、つらがった。当時は「胃瘻」と言っても、まわりの人はみんな、それが何か知らなかった。高齢化の今、知っている

おいしい料理を、その味を損なうことなくミキサー食にでき、嬉しそうに食べてくれたときの舌鼓。

のどの奥に見えた白い痰を、吸引のチューブ*でうまく釣り上げられたときのほっとした息づかい。

20年間生きて、自由にどこへでも行ける〝風〟になった長男の生きた証《あかし》が今でも記憶に焼き付いている。あの記憶が、私を介護の仕事へと足を踏み入れさせた理由のひとつかもしれないと思う。

そう言うと座りがいいけれど、もっとも私の心をとらえたのは好奇心だったような気もする。

ヘルパー経験者の話を聞くと、これはふつうに暮らしていたら見ることのできない世界だと感じた。たとえば、こんな話を聞いた。

「玄関を開けて家に入ると、天井からポタポタと水がしたたっているの。秋で外は涼しいのに家の中が熱帯雨林みたいにモワッとして生暖かくて。『どうしましたか？』って聞いたら、『お風呂を焚きすぎたみたい』って」

どこの家も、ボタン一つで適量のお湯がたまると思ってはいけない。

人が増えた気がする。

胃瘻の管理
長男の胃瘻はチューブ型（ボタン型のものもある）で、お腹の穴にチューブがさしてある状態だった。チューブは胃の中側にバルーンがあって抜けないようになっている。そのバルーン内の水がなくなっているとチューブが抜けてしまうので、バルーンの水量のチェックが欠かせない。また穴のまわりの皮膚の清拭も必要で、長男は皮膚が弱かったのでガーゼを使用していて、その交換も頻繁だった。

吸引のチューブ
気道、気管内にチューブを挿入して、分泌物を除去する。長男の場合、口腔内にある痰も自分では出せないので吸引した。あのとき使っていた吸引器が今もわが家にある。

若い人はもう知らないかもしれないけれど、水をためて沸かすタイプの風呂。昔はうちもそうだった。うっかりすると水があふれるし、時に沸かしすぎてグラグラしているときもあった。フタを開けっぱなしにして、風呂場のドアも開いていたら、家中、湯気だらけになる。

見てみたかった。そう思った。足を踏み込む家に、どんな事情があり、どんなごたごたがあるだろう。そう思うとワクワクしてしまうのだ。

別のヘルパーから聞いた話。

「よその事務所も入っている家でね、何かの行き違いで、ポータブルトイレの掃除がしてなくてあふれ出る寸前なのよ。表面張力ギリギリのトイレをそうっと持ち上げて運んでいたら、両腕がプルプル震えてきて……」

「もう泣きそうじゃったわ」と言う顔の目の奥には笑いも見える。

長男の「土石流うんち」のとき、オムツをオープンすると一気に土石流が押し寄せ、ギャザーを越えようとしているのに、新しいオムツの用意を忘れていたことがあった。足を必死に伸ばして、つま先で新しいオムツをたぐり寄せる。どうにか終えて、「ふう」と額の汗をぬぐったら、額にうんち。

義親に「将来必要になったら、これで私が吸引してあげる」と冗談を言うと、「あなたは雑だから」と断られた。その機会のないまま、義親は逝ってしまった。

「こんなにたいへんだったの」と深刻な顔で話すより、自分なら絶対、笑い話にしたほうがいい。聞いている人にも「結局、笑い話じゃん」って一緒になって笑い飛ばしてほしい。

ちょうど先日、利用者宅でリハビリパンツいっぱいの下痢に対面した。

長男の世話をしていた時代より、私の技術も格段にアップした。それにビニール手袋*もずいぶんと安くなった。いい時代になったものだ。

だけど、安い手袋は思わぬときに破ける。下痢便がじわじわと手袋の中に侵入してくるのを感じる。ああ、ケチるんじゃなかった。

これじゃ、素手でやっていた長男のときと被害はおんなじだ。いい時代になったのに、なんでや。

某月某日　暗証番号を死守せよ：身内から逃げ回る

「今、病院にいるんじゃ。あんたがうちに来る時間までに帰れそうもない。

ビニール手袋　用意してくれている家も多いし、事務所にも置いてあるが、自前でも買って持ち歩いている。安いのと高いのを用途によって使い分けているが、たまたまうっかり丈夫なのを持っていないときに限って危険なブツに巡り合う。なんでや。

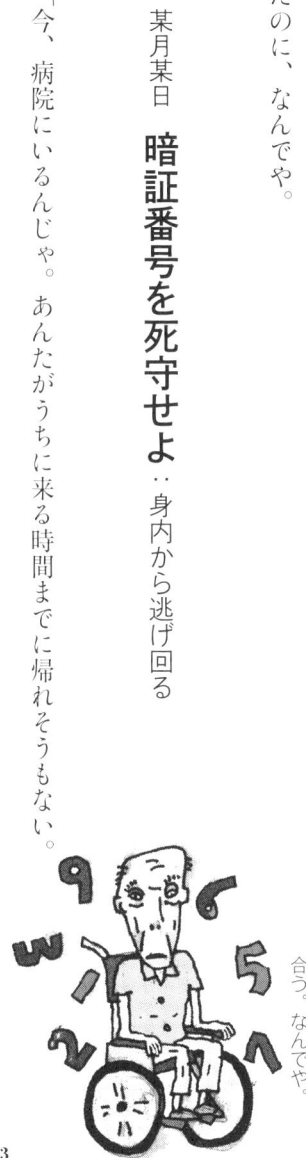

暇だったら、病院まで来てくれんかの」

柿本幸司さんから携帯に電話*があった。柿本さんは87歳、要介護1。金持ちではないけど、有償サービスの支払いを値切ったりする人ではないし、もともとお宅へ訪問するところだから、時間はある。

病院に行くと、ニコニコと看護師さんに愛想をふりまきながら、車椅子に乗っている柿本さんが待っていた。

「調子が悪くなって、タクシーで来たんじゃが、点滴してもろうて治ったわ。検査もしたけど、入院するほどじゃないらしいわ」

私にはいつもの愛想のない早口でそう言ったが、

「よかったですね、ヘルパーさんに来てもらって」と看護師さんが言うと、

「はい、よかったです。一人じゃ、家に帰るのも不安ですけえの」

と柔らかく言う。なんだ、この差は。

柿本さんは短い距離なら歩けないことはない。ひとり暮らしで、押す人もおらず、自分で操る力もないので車椅子は持っていない。先にタクシーに乗ってもらい、私は病院に車椅子を返しに走る。走って戻り、後部座席の柿本さんの隣に乗

携帯に電話
有償サービスで買い物を頼まれるが、電話で聞きながら買わないと判断に困る買い物もあって、携帯番号を伝えていた。本当は携帯番号は誰にも言いたくないが、買い物など、事務所経由の会話では不便な場合に限って伝えていた。柿本さんは迷惑になる電話をかけてくるような人ではなかった。「電話魔」に教えてしまい、雑談の電話が毎日かかってきて困っているヘルパーもいた。

り込む。

「さっきの、私への口調とずいぶん違いますが？」

軽口を叩けるくらいの関係である。

「看護婦さんへは愛想よくしておかないと、かわいがってもらえんだろ」

「私にも愛想よくしておかないと、かわいがってあげませんよ」

「愛想よくしてもかわいがってくれんだろ」

家の玄関に着いたタイミングで「しもうた〜」と頭を抱える。

「どうしましたか？」

「お金を下ろし忘れたんじゃ。病院にはATMがあったのに」

「そうですか」

「またタクシー呼んで、下ろしに行くのは無駄じゃ」

「仕方ありませんよ。一緒に行きますから、銀行のATMまで行きましょう」

タクシー代が惜しいとぶつぶつ言いながら、再びタクシーを拾い、銀行の前で降り、ATMに着く。

「わしは機械が苦手*じゃ。やってくれ」

機械が苦手
機械が苦手な高齢者は多い。娘のいない人にその傾向が強い気がする。きっとやさしく教えてくれる存在が必要なのだろう。単純なタイプの電子レンジに『分』→『スタート』と書かれた貼り紙がしてあったお宅も。

ヘルパーはお金を下ろしてはいけない。本来なら断るべきだが、柿本さんは認知症ではないし、あとで揉めごとになることもないだろう。横で助けながら、お金を下ろす。このときから、これを毎月繰り返すことになった。

ある日、事務所からＬＩＮＥ*が来た。

《柿本さま入院。連絡があるまでケアストップ》

持病が悪化したのかと心配していると、数日後に「ＩＣＵに入った」という連絡があり、サ責の本谷さんに聞かれた。

「佐東さん、柿本さんのお金、代わりに下ろしに行ったことないよね？」

「どうしてですか？」

「柿本さんの息子さんがやってきて、『父が自分ひとりでお金を下ろせるはずがない。前は近所の人に頼んでいたけど、その人は亡くなって、父が頼めそうなのはヘルパーさんくらいしかいない』って言うの。ヘルパーはお金を下ろせませんって答えておいたけど」

「……柿本さんが銀行に行くのに付き添ったことならあります」

「暗証番号は知っている？」

事務所からＬＩＮＥ
サ責からの連絡は電話かＬＩＮＥだ。ヘルパー会議の案内もＬＩＮＥのグループトークで来る。利用者のところへ１年に一度、「負担割合証」が届くと、写真を撮ってＬＩＮＥで送る。以前は借りてコンビニでコピーをとっていたらしい。便利な時代になったものだ。

「……知りません」

「そう。よかった。息子さんがね、病院代とかいろいろかかるからお金を下ろしたいので暗証番号を教えてほしいって。銀行に行っても、『ご本人さまでないと』って言われたらしいわ」

そりゃそうでしょう。

「それでね、通帳を見たら、下ろした日にちが全部ヘルパーの来ている曜日だって言われるのよ」

鋭い！　背中に冷や汗が流れた。もし、息子さんが直接私に会いに来て、「暗証番号は？」と聞かれたら、「知らない」と言い切る自信がない。

私は知っている。だって横にいたんだもの。

以前、柿本さんは「子どもはいない」と断言していた。「利用者基本情報」には、息子さんの存在が書かれているのに。これまでの入院でも、息子さんが柿本さんに会いに来ることは一度もなかった。身元引受人のサインだけして帰っていた。その複雑な理由を私が尋ねることはない。

柿本さんは医療費がほとんどいらない状況だ。息子さんが柿本さんのお金を早急に下ろす必要はないはずだ。それに柿本さんが退院して、通帳が空っぽだったら、がっくり来る。そんなことをあれこれと考えて、こう言った。

「付き添っていましたが、ＡＴＭ操作*はすべてご自分でされていたので、私は知りません」

「そう。息子さんにはそうお伝えするわ」

本谷さんの声もホッとしているように感じた。

その後、息子さんから何度も「ヘルパーに会わせてほしい」という連絡があり、時に事務所を訪れて「どうにかならないか」と高圧的に要求するらしい。すべて事務所が断ってくれていた。

ある日、事務所へ行くと、サ責の本谷さんが男性としゃべっていた。見たことのない顔だと思いつつ横を通りすぎると、ケアマネが私に気づいて、

「佐東！」

と叫んで立ち上がった。そして、思わず私の名前を呼んだ自分にあわてたように、

ＡＴＭ操作
お金に関わることがどんなに恐ろしいか思い知ったので、これ以降、利用者に「これ、下ろしてきて。暗証番号はこれ」と言われても、即座に断り、暗証番号も見聞きしないようになった。暗証番号を軽々しく口にする利用者もいて、邪（よこしま）な心があれば、手の込んだことはしなくても簡単に餌食になってしまう。

「……を買ってきてくれた？　カッキー！」

「カッキー」にピンときた。ケアマネは柿本さんのことを事務所内では「カッキー」と呼んでいた。その男性は柿本さんの息子さんで、きっと私に会いに来たんだ。本谷さんが「佐東はいません」と断っていたところへ私が来て、あわてたケアマネが思わず私の名前を呼んだもののしまったと思って、ごまかしたんだ。そして、「カッキー」という言葉で男性が柿本さんの息子さんだと私に伝えた。

これをコンマ数秒で気づける私、エライ。

「あぁ。砂糖、買い忘れた！　すぐに買ってきますね」

私は大声でそう言うと、すぐにUターンして雑居ビルの２階まで走り降り、とりあえず女子トイレに身を隠す。悪いことなんて何もしていないのに、私、何してんだろ。

もし、あのとき、私ひとりでお金を下ろしに行っていたら……。銀行の防犯カメラ*に私だけの映像が映っていたら……。柿本さんの意識がなくなった今、使途不明金があれば、私が使ったことになる？　女子トイレの個室に身を潜めながらそんなことを想像して怖くなる。

防犯カメラ

認知症の親を遠くから見守るため、「見守りカメラ」をつける人が出始めている。ヘルパーによっては、自分が撮影されるのを嫌い、ケアのあいだ切らせてもらう人もいると聞く。ある利用者宅で、猛烈にお尻が痒くなった。ひとりになったタイミングでさっとズボンに手をつっこみ、クスリを塗った。後日、その部屋に「見守りカメラ」が設置されていることに気づいた。カメラのことはとくに説明もなかったけど、見ればわかると思われていたのだろう。思い出すだけで恥ずかしい。穴があったら入りたいとはこのことだ。

事務所から出てきた荒々しい足音が階段を降りていく。鼓動の高まりがなかなか鎮まらなかった。

数分後、本谷さんからLINEが来て、息子さんが帰ったと教えてくれた。

この出来事から数週間、ICUに入った柿本さんはそのまま意識を取り戻すことなく亡くなった。貯金は息子さんのものになったことだろう。

某月某日 **認認介護**：白ヤギさんと黒ヤギさんの

使用済みのリハビリパンツを引き出しにしまう久保サチ江さん。市内に弟がいることがわかり、地域包括支援センター*の人が訪れてみると、認知症のある弟の正男さんがひとり暮らしをしていたという。

サチ江さんはリハビリパンツと押し車が必須。正男さんはその両方とも必要ないが、認知症は一歩進んでいる。2人とも未婚で、いっそ一緒に暮らしたらいいのにと思うけど、お互いにそれは嫌だと言う。

地域包括支援センター
「市町村が設置主体となり、保健師・社会福祉士・主任介護支援専門員等を配置して、3職種のチームアプローチにより、住民の健康の保持及び生活の安定のために必要な援助を行うことにより、

私は、週1回、サチ江さんのところへ行き、入浴介助と昼ご飯の用意をする。数日分の買い物もしておく。別のヘルパーが週1回、同じ内容で入っている。

私がいるときにもよく古い自転車をガッチョンガッチョン軋《きし》ませて正男さんが食料を持ってやってくる。素っ気なく玄関に置いたら、またガッチョンガッチョン帰っていく。

その後、地域包括支援センターがケアマネとやりとりし、正男さんのケアもニコサンが担うことになり、私が週2回、入ることになった。無骨な人だと思っていたが、ケアに行くと、柔らかい笑顔を見せてくれた。

「そろそろ自転車は危ないですよ」「そうやね」と言って、歩きでサチ江さんに食品を届けるようになった。私の言うことをきいてくれたのかと思っていたら、ちょうど自転車が壊れたらしい。

正男さんが持ってくるリンゴ、キャベツ、お餅、せんべい。* よく入れ歯を行方不明にするサチ江さんはどれも食べられない。

私には「食べるから、そのまま置いておいて」と言っていたが、次の訪問時には見当たらない。どうやら全部そのまま人にあげているらしい。

その保健医療の向上及び福祉の増進を包括的に支援することを目的とする施設」（「介護保険法」）。介護の右も左もわからないとき、まず飛び込んでいくべきところ。義親の地域の「包括」はちょっと冷たかったが、実親の地域の「包括」は何度も実家に足を運び、とても力になってくれた。担当者によって大きな違いがあるようだが、たいていの「包括」は親身だと思う。

リンゴ、キャベツ、お餅、せんべい
よりによって、なぜ食べられないものばかり買ってくるのかとおかしかった。でも、ふと気づいた。きっと、昔、サチ江さんが好きだったんだろう。こんなところに正男さんのやさしさが出るのかと思うと、姉弟の絆を感じるのだ。

サチ江さんはサチ江さんで、正男さんを心配する。

「あの子はねえ、料理だけはからきし。若いころは賄《まかな》い付きの寮にいたし、最近はなんでも売っているでしょ。ご飯を炊くことしかできないのよね。手作りのものを食べる機会がないんだから、ときどきは私が作ってやらないと」

自分は炊飯器も持っていないサチ江さんがそう言う。

ある日、サチ江さん宅を訪ねるとカギがかかっている。玄関前で待っていると押し車を押しながら汗だくのサチ江さんが帰ってきた。

「夕べね、弟のところへ料理をしに行ってやったのよ。だけど、帰る元気がなくなって泊まったの」

「ベッドは一つなのに？」

「床に寝ればええことよ」

ちょうどその日、正男さんのケアがあった。

冷蔵庫*を開けてみると、正男さんが買うことはないジャガイモとコンニャクとナンキンがある。なんの調理もされていない。きっとサチ江さんが弟のために買って行ったものの、いざとなって、何をどう作ったらいいのか困って、そのま

冷蔵庫
醤油などの調味料は開栓後要冷蔵が多いが、冷蔵庫に入れない人が多い。

ま冷蔵庫にしまったのだ。

「夕べ、お姉さん、泊まられたんですね？」

「え？　長いこと、顔見てないよ。そろそろ行ってみんといけんのお」

その次の週、サチ江さん宅の冷蔵庫を見ると、新しいリンゴとキャベツがあった。白ヤギさんと黒ヤギさんのお便りの行ったり来たりみたいだ。ああ、あれは「読まずに食べた」けど、こちらは食べられないものを運びあっている。

メニューを決めて、買い物を済ませてから行くのだから、仕事が増える。だけど、お互いに相手のためを思っている２人がかわいくて、贈り合った食品はできるだけ食べられる形にしてあげたい。サチ江さん宅ではキャベツを味噌汁に入れ、リンゴは甘く煮た。正男さん宅ではジャガイモとコンニャクとナンキンを麺つゆで煮て煮物にした。

今日もまたサチ江さん宅にカギがかかっている。正男さんのところに行ったのかな。サチ江さんは細かいことをしでかす人なので、心配になって近所を探し回っていると、息を切らせてサチ江さんが帰ってきた。ヘルパーが来る日は覚え

生活習慣が染みついているのか、説明して入れても次回行くと出してある。一方、うちの親は、未開封の砂糖や塩、缶詰、ちらし寿司のもと、さらにはクスリまで、入れなくていいもので冷蔵庫は満タン。指摘すると「まあ、食糧庫みたいなものじゃろ」。

ていて、それまでに帰ってこようとしたのだ。

「汗かいておられるし、ちょっと休憩したら、お風呂入りますか？」

「眠たい。ちぃと寝てから」

サチ江さんは家に入るなり横になって、そのままいびきをかき始めた。ところが、状態がふつうではない。

「サチ江さん！　サチ江さん！」

必死で何度も呼びかけるが、いびきしか返ってこない。やばい。スマホを取り出す手が震える。急いで１１９番に電話する。

救急車が駆けつけ、病院に運び込まれたサチ江さんは脳梗塞と診断された。

その１週間後の正男さんのケアの日、ケアマネからサチ江さんのことが伝わっているのかわからず、認知症の進んでいる正男さんに念のため尋ねた。

「お姉さん、入院されたのご存じですか？」

「ほうよ。脳梗塞での。見舞いに行ったら、眠っとった。２階のはしっこの部屋じゃ」

サチ江さんが入院した総合病院の２階は外来しかない。でも、きっとお見舞いには行ったのだろう。５分前のことも忘れることがあるのにお姉さんの入院も病名もしっかり覚えている。

「早う、良うなってほしいが」

正男さんが心細げにそう言った。

某月某日　高校自慢：言いたくてたまらない

ヘルパーの仕事を始める前、法律関係の事務所でパートをしていた。来所した50代くらいのお客さんに頼まれてタクシーを呼ぶ電話をした。タクシー会社に名前を聞かれ、名前を言うと隣で聞いていたお客さんが突然、吠えた。

「違う！　ＩＨＩ*の吉田と言えっ!!」

なんなら役職までつけてあげれば、もっと満足したのだろう。

あの吉田さんほどではないものの、現役時代の自慢話*をしたがる男性は多い。

まるきり関係ない話から、少しずつ自慢話のできるフィールドへ誘導する技術

ＩＨＩ
以前の商号は、石川島播磨重工業株式会社。本書に登場する人名や団体名はすべて仮名であるが、この社名だけは、実際に言われたとおりのもの。ＩＨＩの吉田さん（こっちはもちろん仮名）はきっと今、所属先も肩書きもなくなっている。どんな高齢者になっているのだろう。

自慢話
会話のどこに、自慢話をぶっこむか虎視眈々とチャンスをうかがう人は多い。自分のことで自慢することがない人は、配偶者、子ども、孫の自慢にまで及んでいくが、それもない人は、兄弟、姪甥の自慢をしようとする。

がすごい。そばにいる奥さんが必死に止めようとすることもある。でも、止めなくていいとも思う。誰だって、人の自慢話など聞きたくはない。だけど、言うほうは言いたくてたまらないわけで、第三者が聞き役を背負ったらいい。仕事で頑張ってきたのは十分自慢していいわけだし。

牧野崇さん、70歳、要支援2で身体障害がある。40代で脳出血し、その後遺症で左半身が麻痺している。

「ボクはね、高校時代から親元を離れていたから、こうして今は親のそばにいる。それだけで親孝行だと思っているんだよ。親の介護ができるわけじゃない。だけど、そばにいて話を聞くだけの孝行もあると思うんだ」

はい、そう思います。牧野さんの話に心からうなずく。

「孝行といえば高校。さっきも言ったようにボクは高校から外に出ていてね」

きっとどこの高校か聞いてほしいのだろう。

「どこの高校なんですか?」

「W高校だよ」このあたりでは有名な進学校だ。

「うわ～、すごい高校ですね。その高校出た方、生で見るの初めてです」

少しサービスしてそう言うと、

「キミ、面白いことを言うね」

機嫌よくなってもらえて何よりである。

その次の機会。テレビを見ていると、

「ああ、ここ、高校時代に行ったことあるな。ボクの高校から近いんだよ。どこの高校かって？　じつはね……」

知ってますと思いながら、大きくうなずく。

３回目の訪問時。

「最近は18歳で成人なんだってね。18歳といえば、まだ高校生じゃないか。高校といえば……」

大学の話も、仕事の話もしない。高校時代がこの人の支えになっているのなら、とことん聞くのがヘルパーの務めだ*。家事をしながら、「まあ」「へえ～」とか声をあげつつ聞く。その甲斐あって、「キミとは話が合うなあ」と言われる。

「高校自慢」はほぼ毎回で、その内容も毎回一緒。高校の入試の難易度、学力の高さから始まり、その高校出身の友人たちの活躍ぶり、その高校出身の有名人の

聞くのがヘルパーの務め
否定や評価をせず、利用者の気持ちに共感しつつ聞く。……ということを心がけている。家事をしつつ「傾聴」し、合いの手のつもりで自分の話を少ししたら、「あなたって自分の話ばかりね」と言われたことがある。ひたすら、「うん、うん」と話を聞いたときは、「あなたって、お話が上手ね」と言われたことも。利用者の傾聴は楽しくできるが、身内の傾聴はつらいことを実感している。

自慢だ。仕事内容は、昼食準備とトイレの付き添いだけで楽なはずなのにいつもクタクタになる。

そんなある日のことだった。

「キミは11時にここに来るけど、それじゃあ11時半が昼食になってしまう。次回から11時半にここに来てくれたまえ」

「それは無理です。時間がズレるとあとの方がみんなズレますので」

「ふ〜む」

その場では考えていたが、どうやら納得できなかったらしく、後日ヘルパーを変更してでも11時半に来てほしいと事務所に電話があった。

こうして私は牧野さんの高校自慢から解放された。「聞き役はヘルパーが担えばいい」なんて思っていたのに、すごく心が軽くなった。まだまだヘルパーとしての修行が足りない*のかもしれない。

別の利用者の話。

「わしの名前って、ある組の親分と同姓同名、まったく同じなんよ。大昔のことじゃが、パチンコ屋でその親分と間違われてな。わしが行くとたっぷりタマが出

修行が足りない
ある利用者が「玄関の鉢の枝が折れていた。うちに来たのはヘルパー2名だけ」と言う。2人のどちらかがわざと折ったような口ぶり。カッとなりかける。一緒に入っているもう1人のヘルパーに聞いたら、「あ、そう。イタチがやったんじゃろ」。こんなとぼけた受

るんじゃ。かなり儲けたんよ。すごいじゃろ」

こんな自慢は、牧野さんの高校自慢より何倍も面白い。

某月某日　我慢が一番：奥さまの献身的介護

市川久則さん。95歳。要介護3。

認知症が進行しているが、暴言などの時期を終え、穏やかな状態。だけど、歩行が短い距離しかできず、リハビリパンツとポータブルトイレ使用。介護のほとんどを奥さんのタマさんがやっているとのこと。

「主人のケアは私がほとんどしますけど、一人では難しいとき、手伝っていただきたいの。それとお掃除をお願いします」

すでにサ責の本谷さんからも聞いていた内容。

「とりあえず、そこへ座って、主人と話していて」

久則さんはあられをつまみに第三のビールを飲む。カリカリといい音がする。

け答えができるようになるにはもう少し修行しないと。

「ちょっとトイレに行かせてもらおうかの」

久則さんが言うと、88歳のタマさんは私より早く立ち上がった。

「佐東さんは座っていて。私がするから*」

「そういうわけにはいきませんよ」

「主人は私じゃないと嫌だと思うの。私、主人のお世話は完璧なのよ。失敗はないわ。あなたは、私に何かあったとき、主人の世話ができるように、やり方を覚えてくれていたらいいから」

私は久則さんのポータブルトイレへの誘導だけをして、あとはタマさんが世話をした。

久則さんが大を済ますと、口の細い小さなジョウロでお尻に水をかけ、ビニール手袋もしない素手でごしごしとこする。そして、元のタオルの色がわからないほど真っ黒のタオルで水を拭き取る。

私が久則さんを支えて立ってもらい、リハビリパンツとズボンをあげ、ゆっくりと元の席に座ってもらう。タマさんは、久則さんのお尻をこすって濡れた手を石鹸で洗うでもなく、台所の布巾で軽く拭く。ポータブルトイレのまわりに水が

私がするから
タマさんが体調不良のとき、久則さんのケアに行った。「主人は自分で部分入れ歯を外せないの。外してあげて」と頼まれていたが、「入れ歯を」と私が言うと、「ほい」と久則さんは自分で外して渡してくれた。タマさんが思っているより、久則さんが自分でできることは多い。そのことはケアマネも把握していたが、タマさんの「世話を焼きたい気持ち」を尊重することになった。

散っているのを見て、雑巾をとりに洗面所へ行こうとしたら、

「あら、雑巾ならそこにあるわ」

さっき久則さんのお尻を拭いた真っ黒のタオルを指さす。

あんな真っ黒になる前に捨てたらどうですか。……とは言えない。戦争経験者がものを捨てられない*気持ちは少しわかる。

お尻をあんな雑巾で拭くなんてご主人がかわいそう。……とは言えない。タマさんはご主人を献身的に支えている。

これで拭き掃除するんですか？　……とも言えない。プライドが高いからこそ頑張っているのに、それを否定するようなことは言ってはいけない。

私の心の内を読み取ったわけではないだろうけど、タマさん、ご主人のお尻をごしごしたあと洗っていないままの手で紅茶をすすりながら言う。

「前に、娘が主人の面倒をみてくれてね。大きいのが出たあと、濡らしたタオルでお尻を拭いてくれたらしいの。それがね、洗面所のタオルって決めているタオルだったのよ。そのタオルを使ったあとで捨てていたのよ。いくら色あせていても、私のお気に入りなの。あわてて拾ってきたわよ」

戦争経験者がものを捨てられない

テレビドラマ「この世界の片隅に」を見ていてふと思った。すずさんが実在していて、今も生きていたら…という年齢の利用者が何人かいる。あの時代が実像を持って迫ってくる気がした。ひと粒の米だって、ひとさじの砂糖だって、貴重品だったろう。ものを捨てられない利用者の気持ちはなんとか理解してあげようと努力するのに、父がものをため込むのは許せない。心の狭い娘である。

誰かが不幸になるなら、言わなきゃいけない。言って変わるものなら言ったほうがいい。だけど、何も変わらないなら、我慢が一番。

某月某日　**脚力勝負**：走れ、走れ、走れ

ピンポーン。玄関のチャイムを押すが返事がない。ピンポンピンポンピンポンピンポーン。返事がない。

前回の訪問時には庭にいて、声が聞こえなかった。庭へ見に行きたいが、簡単に庭に入れないように廃材を使ったバリケード*がある。どうにか乗り越えて、庭へ向かう。ここにもいない。

「サトコさーん。サトコさーん」家に向かって呼びかける。

東中サトコさん、86歳、要介護1。脚が悪く認知症も進行しているため、一人歩きは身内から禁止されている。

自宅の電話にかけると、家の中で響くコール音が聞こえてくる。携帯も持って

廃材を使ったバリケード　それなりに重量のありそうな廃材が組み合わされている。本人いわく、猫侵入防止用であり、不審者侵入防止用でもあるらしい。不審者がのぞいたらいけないとのことで日中でも家中のカーテンが閉めてあり、家の中はう

いる*けれど、ふだん出ることは滅多にない。念のため、鳴らしてみる。

「もしもし」。珍しく出た。

「サトコさん、どこにいらっしゃるんですか？」

「バス。あのね、バスだから電話出たらいけないのよ。切るわね」

「待って。切らないで。今どこ？　バスが停まるところで待っているから」

「買い物に行ってみたの。村井病院前のバス停で待っていて」

「今、どこ？」

「あ、運転手さんが電話禁止と言ってる」

　電話が切れた。

　運転手さんの声が近かった。きっとこの地域を回るコミュニティバスだ。すぐに村井病院前のバス停に向かう。

　バス停に向かって一心不乱に自転車を漕いでいると、後ろから来たバスが追い抜いて行った。車内にサトコさんの姿が見えた。自転車でバスを追いかける。バスが停まったら、運転手さんに話して、一番自宅に近いバス停でサトコさんを降ろしてもらおう。


かがい知れない。

携帯も持っている
認知症がかなり進んでいる人でも、以前からスマホを使っていると難なく使いこなす。一方、認知症ではないのにガラケーすら使えない人もいる。入院したときのことを考えると、ある程度携帯は使えたほうがいいと感じる。面会制限がある病院もあり、家族と会話できるツールは必要だし、LINEやメールを使いこなせていると退屈な入院生活でもボケ防止につながると思う。

でも、バスはどんどん進み、引き離される。バス停で路線図を確認し、サトコさん宅に一番近いバス停で待ち伏せするしかない。そう思って、自転車の向きを変えて走り出したら、やたらガタガタしはじめた。パンクだ*。こんなときに！　自転車を押して走る。

バス停に着いたのとバスが来るのが同時だった。サトコさんが澄ました顔で降りてくる。

「村井病院前のバス停じゃないやん」はあはあ言いながら、つい文句を言う。

「あら、そう」

にっこりほほ笑むサトコさんに何も言えなくなった。

サトコさんは山のように買い物をしていた。荷物を引き受け、自転車のカゴに入れ、長い坂の上まで一緒にあがる。到着したときには私のほうが息切れしていた。日ごろ自転車に乗り続けていて、「運動が足りているでしょう」とよく言われるけど、歩くのと自転車だと使う筋肉が違うのだろう。歩くと妙に疲れる。

サトコさんと一緒に家に入って、冷蔵庫に食品を入れ、掃除・洗濯を済ませ、帰り支度を始めたところで携帯のＬＩＮＥメッセージに気づいた。

パンク
猛暑になるとパンクが増え、頼む人が多すぎて、自転車屋でもすぐに直してもらえないことがある。走行距離がすごいので、タイヤの溝がすり減り、なかのチューブの交換だけで済まないことも。バッテリーもときどき買い換えが必要になり、数万円かかる。バイクやクルマほどではないが、自転車もそれなりに維持費がかかる。

《まるちゃんがいなくて、バスに乗っていたらしい》

ニコサンのヘルパー仲間・松井さんからだった。ニコサンの仲間全員のＬＩＮＥは知らない。*それどころか顔も知らない人も多い。同じ利用者のところへ入っていても、顔も知らないままの人もいる。偶然事務所で出会って話したり、引き継ぎで同じ時間にケアに入ったり、会議で会ったりしながら少しずつ仲間の顔を知っていく。

松井さんとは同じ利用者のところに入ったことがあり、掃除担当の松井さんが、掃除用品がなくなると、買い物担当の私に連絡を入れるようになり、仲良くなった。元施設職員の松井さんはできるヘルパーだ。

松井さんが入っている丸田将一さんは85歳、認知症が進んではいるが、ひとり暮らしで笑顔がかわいらしい。松井さんは丸田さんのことを「まるちゃん」と呼んでいる。

ＬＩＮＥメッセージを読んですぐに電話した。

「ケア中じゃないから、電話大丈夫よ」

「バスに乗ったのを近所の人が見ていて、携帯電話*を握りしめていたって言うか

仲間全員のＬＩＮＥは知らない
つい最近、全員のグループトークができ、会議などのお知らせはＬＩＮＥで来るようになった。でも、みんなニックネームで表示されていて、どれが誰だか全然わからない。同じ利用者宅に入っているヘルパーとは情報交換の意味でＬＩＮＥすることがある。購入した食品の写真や、利用者が触れたくないものの保管場所が変わったときなど、文字で説明するより正確な情報を送ることができる。

携帯電話
ヘルパーは自分の電話番号を教えず、利用者とのやりとりは事務所経由で行なうことになっている

ら、鳴らしているんだけど、全然出ないの。たぶん駅行きだと思う。終点で降りて、徒歩になると帰り道わからないだろうし、こっちも見つけるのが難しくなるから、なんとか駅で捕まえたいの。サ責には連絡した。佐東さん、もし駅に近かったら、捕まえに行ってくれない？」

今、駅へはたぶん私が一番近い。「了解！」と言って、パンクした自転車を押しながら駅へと走る。自転車なら5分かからないが、押しながらだと汗だくで10分超。どこかから来たバスが駅前の停留所にちょうど停まった。降りてきた人たちの中に丸田さんの姿を見つけた。

「まるちゃーん！」

さっきの松井さんの言い方がうつって、思わずあだ名で叫んだ。

丸田さんは立ち止まり、振り向いてくれた。黄色い制服*の人は役に立つくらいには記憶があるのだろう。

バス代は持っていたのだろうかと心配しながら近づいて、丸田さんの手元を見て驚いた。握りしめているのは携帯電話ではなく、テレビのリモコンだった。そりゃ、松井さんの電話に出られないわけだ。

が、理由があって教える場合も。事務所はそれを咎めはしないが、結局は自己責任。なんでもかんでも直接電話してくる利用者もおり、それに対応しなければならなくなる。

黄色い制服
ニコサンの制服はレモンイエローのポロシャツだ。事業所によっては実費で購入するところもあるようだが、ニコサンでは支給される。傷んだタイミングで請求するのだが、色あせしやすく、頻繁に請求するのも心苦しいので、色あせたイエローのまま着続けている。「センスが悪い」と言って着ないヘルパーもいて、事務所も強制はしない。記憶力の落ちている利用者には覚えてもらいやすいので、私は必ず着るようにしている。

某月某日　マウントをとる：「介護福祉士」取得への道

60歳を前にして、介護福祉士*の資格を取ることにした。

試験を受けるには1万円ほどかかるし、試験会場が遠方になったときは、その旅費もいる。そのうえ、実務者研修というのを受けなくては試験も受けられない。実務者研修は自宅での学習部分もあるが、通学も数日しなくてはならない。それが高い。10万円近い受講料がいる。

介護福祉士は国家資格だから、ほかの事業所では時給がアップすることが多い。にもかかわらず、うちの事務所には資格手当がない*。

それでもこの資格を取ろうと思ったのには理由がある。

ヘルパー仲間の立板さんは「それはおかしい」ということをよくする。指摘しても言うことを聞かない。

あるとき、立板さんはヘルパーで入っている知的障害のある人と外出し、ファ

介護福祉士
身体介護・生活援助などの社会福祉業務に携わる人の国家資格。資格登録者は194万人（2023年9月現在）。介護に関わる資格の中では唯一の国家資格で、私にとっては数少ない「誇り」である。

うちの事務所には資格手当がない
ニコサンの経営状態が思わしくないということもあるだろうけど、きっとそれが理由ではなく、ずっと以前から資格手当がない。よその事務所の

ミレスで一緒に食事したという。「私にも食べろ食べろと言われたのでごちそうになりました」と言って、自分の食事代をその人の費用の中から出した。その人は知的障害もあり、発語もない。私の知る限り、食べろなんて勧めるはずがない。後日、その人の家族から、ニコサン宛に抗議があったという。

立板さんは介護福祉士を取っていないが、ヘルパーとしてはベテランで自分の仕事っぷりに自信を持っている。だから人の言うことを聞かない。

私は、決して正しいヘルパーでも、愛に溢れる介護人でもないけど、立板さんよりはマシだと思っている。

介護福祉士を取れば、何かあったとき立板さんに注意できる。そう思ったのだ。

実務者研修*の会場まで、1時間かけて通う。一緒に講義を受けるメンバーの中には、定年後の職場が介護施設でという年配の人たちもいたけど、たいていは若かった。介護施設で現役勤務をしつつ、お金を出してもらってきている職員たちだ。

彼ら彼女らよりは人生経験も豊かな私のほうができる、と根拠のない自信を

ヘルパーに話を聞くと、介護福祉士になると時給が200円アップすると言う。新聞折込の求人チラシにあるよその事業所の条件には「GW出勤で時給500円UP」などとあり、うっとりと眺めている。

実務者研修
私の研修先ではスクーリング期間は7日。年齢が近い参加者たちとは初日から話し始めて、2回目にはもうかなり仲良しになった。「移乗」などを、講師から教わった「移乗」などを、休憩

持っていたのに記憶力が全然かなわない。

実務者研修に、胃瘻管理と吸引の実技研修があった。こっちは百戦錬磨の大ベテランだ。胃瘻管理も吸引も、息子のケアのおかげで実践で身に着いている。昨日今日始める若者に負けるわけがない。そう思っていた。

ところが、なまじ経験があったせいで自分の手順ができあがっていて、教わった「正しい手順」が頭に入りにくい。ついていくのがやっとだった。それなのに若い子たちはスルスルとこなしている。それが悔しい。

なんだかんだでようやく実務者研修を終え、介護福祉士の試験が近づいた。

介護福祉士の合格率は高い。それがかえってプレッシャーになる。できればまわりに隠して受けたいと思っていたのに、事務所に書いてもらう書類もあって、みんなが知るところとなった。

「佐東さんに関しては心配してないの」

サ責の本谷さんにそう言われるとますますプレッシャーになる。精神的なものが腰に影響する私は試験前日、とうとう歩けなくなった。整形外科に駆け込み、「とにかく痛みをとるものを」と泣きついた。


時間にお互いがモデルになりあって練習していた。以前、なんとなく受けたヘルパー２級講座と違って、実際に働きながらの研修は自然と熱心になる。教室のみんなの前で行なう介護のやりとりの小芝居も、ヘルパー２級時代は恥ずかしかったのに、今回はノリノリでできた。

本番には強い
私のころは筆記試験のみで、実技試験は実務者研修の中で行なわれていた。その数年前までは、筆記試験とともに実技試験も実施されており、待ち時間も数時間に及ぶし、緊張感も半端なかったと聞いた。先輩ヘルパー

だけど、当日になるとケロリと治って試験に臨むことができた。メンタルが弱いくせに、本番には強い。* 歩けないどころか、試験をあっというまに書きあげて、一番に会場を出て、意気揚々と観光気分で遊んで帰った。もう腰はかけらも痛くなかった。

某月某日　もう行きたくない：ケア直前になって

ある日、事務所へ行くと、立板さんが大声でわめいていた。目立たないように、出入口近くの棚から記録書の用紙をもらってそっと出て行こうとしたが、やりとりが気になり、少しカウンターの陰にとどまった。

「行きたくない、行きたくない、行きたくない！　今日は行きたくない。誰か代わって」立板さんはわめき続ける。

この曜日のこの時間。まもなく花木雪枝さんのケア時間だ。娘の成子さんのパワハラに屈した私から、担当が再び立板さんに戻ったあの時間だ。

*は「私のときは会場が土足禁止だったの。試験の緊張がずっと解けなくて、履き替えるのを忘れて家まで上靴のまま帰宅したのよ」という笑い話をしてくれた。

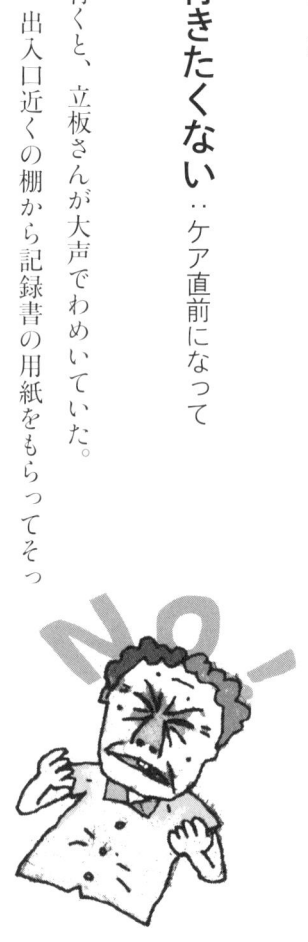

サ責の本谷さんは、立板さんに何も答えず、淡々と事務仕事をしている。ほかにも常勤ヘルパーが数人いたが、みな立板さんに反応せず、無言で事務仕事をしている。

そのタイミングでちょうど事務所へ来た、名前も知らない年上ヘルパーが、私の横に同じようにしゃがんだ。

「急病でも急用でもないのに、ケア直前に、*何言ってんだか」

ひとり言のように、それでいて私に聞かせるように言う。

「あの家、娘さんきついんだもん。今日はなんだか行きたくない。どうしても行けと言うなら辞めてやる！」

立板さんがひとりでわめくが、誰も代わるとは言わない。

「じゃ、辞めまーす」

立板さんは宣言するようにそう言うと、そのまま事務所の出口に向かってきた。事務所の出口にいた私が戸惑っていると、こちらに一瞥もくれず横を通り去った。

サ責の本谷さんがふうっと息を吐く。

「いつも直前。気分で言うしね。まあ、プロなんだから、ちゃんと行くでしょ」

ケア直前に
利用者側からの直前キャンセルもある。私は利用者宅数メートル前まで来たところで携帯に「キャンセル」の連絡が入り、すごすごと引き返したことがある。だが、ヘルパー側からケア直前のキャンセルは体調不良などよほどの場合しか許されないものだと思う。代わりに行く人の身になってほしい。私もその代行の経験が2回ほどあるが、心の準備もないまま急に駆けつけると頭も体もついていかない。

合格通知が自宅に届いた
じつはネット上で正解の速報をあらかじめチェッ

だけど、10分後、「立板さんが来ない」と娘の成子さんから電話があり、代わりに本谷さんがあわてて花木さん宅に向かった。

その日から、立板さんの姿を見ない。

本当に「辞めた」のか、それとも、「辞めさせられた」のか。


介護福祉士の合格通知が自宅に届いたのは*、この事件から数日後だった。想定以上の得点で無事に合格していた。

こうして私は晴れて介護福祉士になった。マウントをとりたい相手はいなくなったあとだった。

常勤ヘルパーが1人いなくなれば、ただでさえ人手不足*の事務所はさらに忙しくなる。その穴は大きい。だけど、その愚痴を言う人はいない。好かれてはいなかったけれど、「立板さんがいなくなって、よかった」と言う人もいない。

そういえば、これまで誰が辞めたときも同じだった。辞めていった人の話をすることはなかった。だけど、その存在が心からなくなるわけじゃない。ただみんな目の前のことで精一杯なのだ。


クし、その時点で合格を確信していた。なので帰宅したあとも夫に「簡単すぎて会場からすぐに出ちゃったよ」と大きな態度で話をしていた。前日、ヘロヘロの私の整形外科受診につきあった夫は、苦笑いするだけだった。サ責の本谷さんには合格通知を受け取ったあと、ＬＩＮＥで報告。ニコサンは受験料を出してくれなかったけど、ほんの少しのお祝いをいただいた。

人手不足
２０２３年に「介護職から離職した人」が「介護職で働き始める人」を上回る「離職超過」が初めて起こった。「団塊ジュニア」世代が65歳を迎える２０４０年度には介護職は69万人不足するとされている（厚生労働省「介護分野の最近の動向について」より）。

第3章 タダより高いものは…

某月某日 **守銭奴**：それぞれの宝物

「これ、たいしたお宝だと思うの。職場の旅行で結構なお値段で買ったのよ。お宝鑑定団に出たら、すごいお値段を言われると思うわ」

ニギリ・金田美子さんがしみだらけの姫だるまを見せてくれたことがある。どう見てもふつうの土産物で、お宝というわりにほかのガラクタと一緒の棚にある。

美子さんには一生懸命貯めた２００万円がある。重度医療対象者で、医療費はほとんどいらないから、それくらいあれば十分だと思っていた。だけど、最近もっと長く生きて、もし足りなくなったらと思い始めたらしい。床が抜けそうなボロ屋の家賃が5万円。週3回45分ずつの訪問介護では足りなくて、時間を増やそうにも、なかなか「要介護」がとれない。*

美子さんのお宝は、姫だるま一つだったけど、トメさんのお宝は部屋のそここにある。

「要介護」がとれない
「要介護認定」は、介護サービスの必要度（どれくらい介護のサービスを

91歳の三本松トメさんは要介護1。3階建ての持ち家は全室に手すりがついたバリアフリー。数十万円の豪華なマッサージチェアも最新のシルバーカーも備わっている。

「主人が生きていたとき、20カ国は旅行したかしら。主人が旅行好きでね。今は、息子一家か娘一家と近場に行くだけね。昔、旅先で買ったものが多すぎてね、もう、いい年だから、荷物を整理したいのよ。捨てるのも惜しい気がしてね。欲しかったら持って帰ってね。あれなんてきれいでしょ」

ガラスの中に色とりどりの蝶々がいる壁掛けを指さす。

美子さんが欲しかったもの*を、トメさんはすべて持っている。家族。お金。そして「要介護」。

トメさんは、よその利用者の話を聞きたがる。

守秘義務があるので、ほかの利用者の話はできない。自分のこともよそで話されるのではないかと不安にさせてもいけない。そう講習で習ったが、ほかの利用者の話をすると目を輝かせる人は多い。だから、名前も住まいも言わず、設定も少し変えて話したりする。悩みは違っても、みんな頑張っていると思ってくれた

行なう必要があるか）を判断するもの。介護サービスの必要度の判定は、コンピュータによる一次判定と、それを原案として保健医療福祉の学識経験者による二次判定の2段階で行なわれる。病気の重さと要介護度とは必ずしも一致しないため、美子さんのような不満が出ることも。

美子さんが欲しかったもの
美子さんは「要介護」がとれないのは、家族の口添えがないからだと思い込んでいる。「『要支援』だって結果が来たとき、ショックで、もう死のうって、夜の道を歩き続けていたの。そしたら、アベックが声をかけてくれて、家までクルマで連れて帰ってくれたのよ」どこまで信じたらいいのかわからない、そんな話をしてくれたこともある。

らいい。

美子さんの話を脚色したりボカしたりしてトメさんに話す。

「あら、それなら子ども産んでおけばよかったのに」「え、ケア時間が足りないなら有償サービスを使えばいいのに」……。

優雅にマリー・アントワネットのようなことを言う。

それでも2人には共通点がある。お金だ。美子さんがニギリなら、トメさんは守銭奴《しゅせんど》だ。

トメさんは、家中のすべてのものに、いつどこでいくらで買ったか、油性マジックで記入＊する。テーブルクロスにすら書いてある。食器に書いたものはすぐに消えそうになるので、ときどき書き直す。

病的にきれい好きなトメさんはほこりを見つけると、目を吊り上げる。入浴介助後、浴室に一滴の水分も残すことを許さない。だから、徹底的に掃除したあと、タオルでひたすら拭く。

本来、そこまでの義務はヘルパーにない。だが、「タオル拭き」は前任者からの引き継ぎだった。介護保険がスタートした当初、ヘルパーの仕事の範囲がゆる

油性マジックで記入
わが家でも、家電、家具、衣類などについては、いつ、どこで、いくらで買ったかをまとめてノートに書いてある。こうしておくと家電の保証期間も把握しやすくていい。だけど、実物に書いている「トメさん方式」はもっとわかりやすいとたまに感心する。美観的

かったという。「バスに乗って、遠くの店で自分の好みの食べ物を買ってきて」なんて内容でも通っていた*と聞く。トメさんはその当時から介護保険を使っていて、当時の仕事がいくつもの事務所変更を経た今もなお生きている。

本当であれば、「これは範囲外です」とケアマネが注意してほしい。ヘルパーにはなかなか言えない。

ヘルパーがする掃除が自分の満足できるレベルに達しないとき、トメさんは露骨に不機嫌になる。今日も浴室に拭き残しのあとを見つけたトメさんの顔が曇る。何度も通ううち、私はこんなときの秘策を身につけた。

「最近、何もかも値上げですね。そのうえ、中身が減るんですもの」

これがトメさんの一番好きな話題。わが意を得たりと、トメさんの声のトーンが跳ね上がる。

「そう！　スライスチーズの枚数が減ったし、お菓子も量が減ったのよ」

金持ちだけど、守銭奴のトメさんにとって、値上げが嬉しいものであるはずがない。日ごろ不満を言う機会がなく、モヤモヤが吐き出せるのが喜びのようだった。

に真似する気はもちろんないけれど。

通っていた
「△△という店で売ってる××というお菓子をお願い」なんて注文も通っていたらしい。今では、スーパーで簡単に買えるポテトチップスとかチョコレート菓子ですら、嗜好品扱いで購入を断るケースもあると聞く。介護保険の適用範囲がどんどん変わり、現場でも「できること」「できないこと」の境界がわからなくなる。

「油もパンも何もかも値上げ、値上げ！　年金は少ないままなのに」

頬を赤くして言う。興がのってきた。

「クスリも小さくなったと思うの。それに牛乳！　絶対薄くなっていると思うの」

　さすがにそれないでしょう。でも、そんなつっこみをしたら、怒りまくるに決まっているので、ほうほうとうなずく。浴室の拭き残しの件は忘れて、すっかり機嫌が直っている。

　反対に地雷を踏むのも、お金がらみの話*。ある日、その地雷を踏んだ。

「うちの小鳥が病気になっちゃって」

「佐東さん、獣医さんにだけは行ったらダメ。とんでもなく高いのよ。もし行くなら、治療にいくらかかるか見積もりをとりなさい。それで、鳥の値段を超えそうなら、*逃がしてしまうのよ」

　弱っていて飛ぶこともできない小鳥を、外に逃がす。見知らぬ世界でどんなに不安だろう。餌もとれない。ますます弱る。そんな子を、猫やカラスが見逃すわけがない。想像しただけで涙が出そうになった。

お金がらみの話
トメさん宅のガーデンシクラメンが目につき、「この時期のシクラメンってきれいですよね」と言うと、「あら、うちのは高いやつなのよ。そこらへんのと一緒にしないでくれる」とトメさん。その日の帰りに近所のディスカウントストアに立ち寄ると同じようなガーデンシクラメン鉢を発見。なんと１９８円。いたずら心に火がついて購入し、次の訪問時にこっそりすり替えた。「このシクラメン、素敵ですね」「そりゃそうでしょう。そこらへんのとは…」。気づかないトメさんに心の中でスカッとする。気が済んだのでその次の訪問時にもう一度すり替え。トメさんの高級シクラメンはとっくに枯れたが、うちのはしぶとくまだ生きている。

私が眉をひそめているのも気にせず、トメさんの話題は次に移る。

「もう一人のヘルパーさんは猫を飼っているらしいわ。かわいいんですって。私も飼っていたことあるの。だけど排泄物がクサいのよね。部屋は汚すし。それで限界って感じて、クルマで遠くへ捨てに行ったの。そしたら戻ってきたのよ。賢いのね、猫って」

猫を捨てる？　ペットを捨てるのは犯罪だし、最低の行為だ。思い切り非難したい。腹の底から怒りがこみあげ、非難の言葉がのどまで出かかっている。でも、ここでトメさんを非難しても仕方ない。私の仕事はそれじゃない。とにかく話題を変えよう。怒りを抑えながら、頭をフル回転させて、違う話題を探す。

「義実家の睡蓮鉢《すいれんばち》に大きなトノサマガエルがいたんです。私はケロちゃん*と名付けてかわいがっていたのに、義母が火箸ではさんで捨てに行くんです。かなり遠くへ捨てに行っても、戻ってくるんですって。カエルもなかなか賢いですよ」

あれ？　話題、変わっていない？

「カエルが好きって、あなた変人じゃない？」

トメさんが冷ややかに言った。

鳥の値段を超えそうなら

鳥専門の獣医は少なくて、わが家はクルマで1時間の病院に通っている。1回行くたびに、小鳥の値段以上の診察料が羽ばたいていく。トメさんが聞いたら、目玉が飛び出すかもしれない。いつか言ってみたい気もする。

ケロちゃん

トノサマガエルの「ケロちゃん」だけではなく、ツチガエルもたくさんいたのに、いつのまにか1匹もいなくなった。義両親が亡くなったあとも、カエル用の睡蓮鉢を残しておいたのだが、蚊の温床になるので、先日ようやく片付けた。ケロちゃんもいない義実家はとてもさびしい。

某月某日　たった2億円：アカナベの裏の顔

「ん？　その名前、たしか太陽モーターの経営者じゃろ」

夫*が驚いたように言う。

私たちの仕事には守秘義務*がある。個人名など家族にも話したことがなかったが、つい「アカナベ」という呼び方の由来を言ってしまったときのことだ。

太陽モーターはこのあたりに数店舗を構えていたカーディーラーで、10年ほど前にすべての店が閉店していた。

「自動車だけじゃなくて、貸し事務所なんかも手広くやっていたから、不動産物件もいくつか持っていたはずじゃろう」

そんな会社の元社長がなぜ、今はエアコンもないアパート暮らしなのか。

その話を聞いた数日後、アカナベに「太陽モーター」と言ってみた。大きな目が見開かれた。

夫
7つ上の夫とは「知人の紹介」という面白くもなんともない理由で知り合い、結婚。夫は長らく金融関係の仕事に携わり、定年後の今もパートとして働く。息子たちの障害についてもクヨクヨ悩むことなく、ひたすらやさしく接するし、鳥にも絶大な人気がある。ただ家事ができない。する気はあるようだが、残念ながら能力がない。

守秘義務
この仕事に就く際、「介護保険サービスを提供す

「なんじゃ、知ってしもうたんか。あんたんとこの聞き取りでも隠しておいたのに」

「珍しい名前ですし」

「あのな、2億。たった2億*や。店やビル、全部整理して2億しか残らんかった」

「2億⁉　それがなんでこんなとこ住んでんですか？」

思わず失礼なことを叫んでいた。

「たった2億でもな、現金があると知ったら、親族がたかってくるんじゃ。それにな、店をやめたときにはまだ妻が生きていたから、旅行しようと思ってキャンピングカー買った。釣りをしてのんびりしようと思って、船と海辺の家を買った。そんなもんでなくなるもんじゃ」

そう言いながら、私の太ももを撫でた。

セクハラジジイは、胸やお尻をさわらぬ程度の節度はあった。だけど、太ももには手が行くようになっていた。そのうえ、ときどき手にチュウをする。怒りまではいかないけど、やっぱり嫌だ。アルコールふきんが欠かせない。


る上で知りえた利用者及びその家族に関する秘密を正当な理由なく第三者に漏らさないことを誓う」旨の誓約書を交わしている。これはヘルパーをやめてからも続くという。本書を執筆するにあたっても、守秘義務に違反しないよう、利用者情報については脚色をくわえてある。

たった2億　宝くじで億の金を手にした人が、それをいつのまにかすべて失うのは、ほんの些細なぜいたくの積み重ねが金銭感覚を狂わせるのだと聞いたことがある。アカナベの体験を聞いていると、2億円を使い切るのは案外簡単なことかもしれないと思う。

「この年になりゃあ2億もいらんもんじゃ」

「超豪華な老人ホームに入れば、毎日ご馳走を食べてすごせるじゃないですか」

「ここで上等じゃ。うまいもんはその鍋の中にあるけえ。今日はわしが作っといた。食べてみんさい」

真っ赤な圧力鍋をあけると、豚の角煮があった。肉屋*に電話して、豚バラブロックを持ってこさせたらしい。

「味のポイントはのぉ、みりんを1瓶みな入れることじゃ」

狭いキッチンに500㎖のみりんの空きビンがある。なんという恐ろしい料理と思ったのに、食べてみるとおいしい。

「じゃろ。2億のうてもうまいもんは食えるんじゃ。あと、わしがやりたいことはバス旅行じゃ。テレビでよぉ宣伝しとろー、九州の温泉。バスで連れて行ってくれるのがあるんじゃやげな。支えてくれる人さえおりゃ行ける思うんじゃ。一緒に行こうや。そんぐらいの金は残っとる」

そう言ってまた太ももに手を伸ばす。

そこへ訪問看護師さんがやってきた。今日は時間変更があったようだ。医師も

肉屋
商店街の小さな肉屋で、電話をすると配達してくれる。店の前をよく通るが、買っている人を見たことがない。でも長年潰れない。アカナべの代わりに注文の電話をしたとき、「今、配達予定が混み合っているので少し待って」と言われた。なるほどそういう需要で生き残っているのか。

同行していた。

「赤名さん、決心つきませんか？」

「決心はついとる。脚の切断もせんし、透析もせん」

アカナベは閉塞性動脈硬化症*で、医師から脚の切断と人工透析を勧められている状況らしい。

「脚がのうなると、ここには住めん」

アカナベの住まいはエレベーターなしの２階だ。

「透析しとる仲間はほどのう死んだ」

「透析したから亡くなられたわけじゃありません。透析をしたから生きられたとは思いませんか」

「わしの気持ちは変わらん」

もし、２億円があれば、高級老人ホームに入りつつ、医療ケアを受けられただろう。だけど、あの豚の角煮には出合えていない。何を食べてもうまくないと、高級品を取り寄せてはため息をついていたアカナベが、自分が作った豚の角煮はうまいと食べた。お金がないから出合えるものもある。

閉塞性動脈硬化症
アカナベが心配になって、ネットでこの病名を調べた。「手足の血管に起こる動脈硬化。冷感・しびれ・歩行時の痛みを感じる。進行すると手足に潰瘍（かいよう）ができて壊死（えし）することもある」とあった。アカナベは杖をついてやっと歩ける状態で、「痛みはありますか？」と聞いても、「そんなもん、年寄りは全員抱えている」とまともに答えなかったが、たまに痛みに顔をしかめてベッドから起き上がれない日があった。冬に、真夏のように暖房をつけていたのも冷感がひどいからだろう。

医師が帰ったあとでアカナベが言う。

「いつかは死ぬのなら、苦しゅう生きとうないじゃないか」

「でも今も、もう十分苦しいんじゃないですか。治療をお勧めします」

私がそう言っても、アカナベはうんと言わなかった。

主治医ですら説得できないものを、私の言葉で気が変わるとも思えない。それでも訪問するたびに治療を勧める。

あるとき、アカナベがしんみりとつぶやいた。

「うちの奥さん*はまだ70代のとき、いきなり死んだんじゃ。朝起きたら、隣で死んどった。わしはあいつのこと、許せんのじゃ。わしをおいて、さよならも言わんと逝ったこと、怒っとる。でも、わしは、最期にありがとうも言ってやれんと逝かせたことを怒っとる。誰にもありがとうも言われんと死んでいくんは、さびしいじゃろうな。なあ、わしが逝くときは『ありがとう』ってそばで言ってくれんかな」

「よっしゃ。まかしとき」

「軽いやつじゃのぉ」

うちの奥さん
小さな祭壇の前にたくさんの造花が供えてあった。アカナベは間違いなく愛妻家だと思う。でも、「あいつと同じ墓に入るのは嫌じゃ」と言う。「墓には向こうの親戚も入っとるじゃろ。それが嫌なんじゃ」好き嫌いは人それぞれだ。

「その前に、治療を受けたらいかが？」
「治療はええ。でも死にかけたら電話するけ。すぐに来い言うて電話するけえの」

本人の決心が揺るがないのなら、来るたびにしつこいことを言う介護ヘルパーは気持ちがふさがないか。もしかしたら、残り少ない時間になるのなら、1分も無駄なく楽しいほうがいいんじゃないか。私はいつも揺らいでいる。

某月某日　**生活保護**：荷物を下ろすタイミング

山崎チイ子さんの要介護度が変わった*。

要介護度が上がれば、受けられるサービスは増える。だけど単価が上がる。つまりチイ子さんが支払うお金が高くなる。チイ子さんはお金を持っていない。チイ子さんの経済状況を知っている田川ケアマネは「要介護」レベルだと感じたタイミングでも再認定を請求せず、チイ子さんをあえて「要支援」のままにし

要介護度が変わった　介護保険被保険者証には、要介護度とともにその介護度の有効期限が記載されている。期限が切れるまでに更新の申請をする。新規申請、更新申請ともに認定調査員が自宅などを訪問し、本人と直接面接をして心身状態を聞き取り、認定調査票を作成する。この認定調査票と主治医が作成する主治医意見書をもとに「介護認定審査会」によって要介護度が認定される。利用者の要介護度が心身の状態に合っていない場合は、要介護度の見直しを求める申請を行なうことができる。

ていた。しかし、それもそろそろ限界だ。ケア時間が足りない。

チイ子さんにはお金がなく、助けてくれる身内もいない。おそらく生活保護が認められる。生活保護の人は、介護保険サービスの利用料の減免がある。生活保護を受けられるようになってから、「要支援」を「要介護」にすれば、チイ子さんは支払いに苦しまず支援を増やせる。

チイ子さんに嫌われている田川ケアマネは私に「説得役」を要請した。

「あなたの口から生活保護を勧めてほしいの。プライドの高い方だから、私が勧めたらきっと嫌がって逆効果だと思うの」

チイ子さんは人を選ぶ。幸い、なぜか私は好かれているが、合わない人には厳しい。田川ケアマネの要求は、ヘルパーの仕事の範疇を超えているが、断れない。

だが、この任務はあっけなく遂行された。

「生活保護って、年金の少ない高齢者さんも利用されることがあるみたいですよ」と言っただけで、

「それ、いいわね！　すぐ手続きお願い」と身を乗り出した。

それを伝えると田川ケアマネまで「手続きお願い」と軽く言う。つくづく、チ

イ子さんも私も、有償サービスにも登録していることを恨めしく思う*。

生活保護*の申請手続きが終わり、最初の支給でお金を受け取ったあとの訪問時、「はい。チップ」と言って、チイ子さんは私のポケットに手を伸ばした。ニギリ美子さんの「湿布」じゃなくて本物の現金1万円札だった。「いただくわけにはいきません」と押し戻すとむくれた。

チイ子さんへの支給額は多くない。だけど、3万5000円までの家賃を出してもらえ、医療費も無料になる。チイ子さんの経済状態はかなりよくなった。

チイ子さんは身内がおらず、介護保険外のことは有償サービスを使って、なんでも頼む。市役所への付き添い。病院への付き添い。入浴介助。リハビリパンツやパッド、トイレットペーパー、ティッシュがなくなる前に購入。各種食品の買い物。好みはとても細かい。1週間の予定をわかりやすく大きな紙に書く。沸騰ポットの管理。衣類の整理。衣替え。デイサービスの準備。お薬カレンダーの管理。掃除。洗濯。郵便物を必要に応じて処理。予防接種に予約して連れて行く。家電の調子が悪いなど、何かあれば、曜日時間問わず電話してくる。週2回1時間ずつのヘルパーと不定期的有償サービスでこれをこなす。

恨めしく思う
「有償サービス」の利用には、利用する側の入会が必要なのと同じく、助ける側も入会しないと有償サービスに関われない。私が入会していなければ、「それは介護保険外なので、できません」と断れる。チイ子さんの外出はひと苦労で、着替えさせて、苦労して階段を降り、タクシーに乗せて、市役所に連れていき、長い面談につきあうことになる。

生活保護
私が担当する利用者で生活保護を受給しているのは今のところ、チイ子さんだけ。チイ子さんのタンスから大昔のブランドバッグがいくつも出てくると、「なんでお金を貯めておかなかったの」なんて思うけど、やむをえない場合は遠慮なく利用するべき制度だと思う。

ある日、田川ケアマネから電話があった。

「山崎チイ子さんのお宅、トイレまでの床がうんちまみれなの。掃除に行ってくれない？」

チイ子さんはゆっくりしか歩けないため、排便までにトイレへたどりつけなかったのだ。そう思って、お宅を訪れると、たたんだままの新品のパッドが点々とトイレまで床に散らばっている。

デイの迎えの人は室内にまで入ってくる。そのとき、床のうんちを見られたくないのでなんとか隠そうとしたらしい。捨てるしかなくなったパッドをまとめてゴミ袋に突っ込む。

自分の弱いところ、恥ずかしいところを見せたくない気持ちはよくわかる。そして、自分のいいところも見せたいと思う。

「デイでね、輪投げなどのゲームがあるの。私の運動神経をもってすれば、一番になってしかるべきなのに、負けるのよ。それもこれも目が見えにくいせいだと思うの。『山崎さん、なぜメガネをかけないのかしら、一番になれる人なのに』ってデイの人、思っていると思うの。メガネの手配、お願い」

メガネを買うお金などもちろんない。

田川ケアマネに相談してみた。

「う～ん、メガネがなくても生活で困っていないなら、そのままスルーしましょう」

一度飲んだことがあるコンビニの甘いコーヒーが飲みたいと言われ、ドリップのカフェラテを買いに行ったこともある。

あっというまに飲み干し、「おかわり」と言う。すぐにコンビニまで走る。

2杯目を飲み、「ああ、おいしかった」と満足そうに口をぬぐって、「これはツケにしておいて*」。

私は有償サービススタッフを兼務しているため、チイ子さんの介護保険外のことはすべて引き受けていて、少しずつ背負いきれない状況になってしまっている。

だけど、その荷物を下ろすタイミングがつかめない。

そして、その日は突然来た。

これはツケにしておいて　百数十円といえども、ツケをヘルパーが受けられるわけがない。別の日、チイ子さんから「2万円、お願い」と言われたことがある。最初、意味がわからなかったが、どうやらお金を貸してほしいらしい。ケアマネを呼んで、お金を貸すことはできないと説明すると、「あなたたちの常識と私の常識は違うのね」とむくれた。以後、借金を頼まれることはなかった。

某月某日　**物盗られ妄想**：そして、着信拒否

「お金がなくなったのよ」

年金支給日からも生活保護支給日からも遠いその日、大金がなくなったとチイ子さんは言う。「封筒に入れていたんだけど」と言うので、私はベッドの下にモップを入れてみる。

懐中電灯を照らし、靴下で歩くこともできないような床に寝転ぶようにして見てみるが、封筒などない。チイ子さんと2人で時間のかぎり部屋中を探しまわったが出てこない*。そもそも存在しないものを探しているのだから当然だ。でも、チイ子さんが納得しないかぎり仕方ない。ケアマネには報告をしておいた。

その次の訪問日だった。

「今日は食品、何を買いましょう」と尋ねた。

「あなたがお金を返さないと、何も買えないわ」

部屋中を探しまわった　本当になくしものがあり、認知症のある人と一緒に探す際、見つけた場合も本人に見つけさせるように誘導しなければならない。「盗った本人だからわかったんだろう」と思われるのを防ぐためだ。

カッと頭に血がのぼるのを感じた。冷静に冷静に、と自分に言い聞かせる。

「私はそんなお金知りませんよ。一緒に探しましょう」

「探したってないわよ。あなたが盗ったんですもの。返してよ、私のお金返してよ！」

冷静にといくら言い聞かせても湧きあがる感情を抑えられない。

「警察を呼んでくれてもいいですよ。私は盗ってないですから」

売り言葉に買い言葉で思わず応戦してしまう。

「ええ。これは警察沙汰だわ。すぐに警察を呼びなさいよ！」

なんで、私が呼ばないといけんのや。「自分で呼びなさい」「あんたが呼びなさい」……もはや子どものケンカである。

「なんで私が盗ったって思われるんですか？」

「私じゃないから、あなたよ！」

目が座っている。

この家にはたくさんの人が出入りしている。ケアマネ、デイの送り迎えの職員、ときどき使う介護タクシーの人、近所に知り合いもいるし、配達を頼んだ業者が入ることもある。その中でなんで私なんだろう。

「お金を盗った」と言われるのは介護の勲章とされている。「この人がいないと困る」という思いがこういう形で現れるのだという。なんて残酷な話だろう。

これまで、ニコサンの利用者の中にも、物盗られ妄想の人はいたが、私の担当ではなかった。話で聞くだけだと「スルーすればいいじゃない」と思っていたが、実際に言われるとかなりつらい。

次の訪問をどうしようかと悶々と悩んでいたら、サ責の本谷さんが、

「その状態じゃ、ケア行けないよね」と助け船を出してくれた。私は迷わず飛び乗った。ただただほっとした。

その後、訪問は、別の事務所*が「お金の扱い抜き」という条件付きで引き受け、買い物は配達可能な店に自分で頼むか、介護タクシー*に頼むようになった。

「あそこの店のあれが食べたい」という具体的要望が山のようにあるチイ子さんにはきっと不本意な日々だろう。

私が外れて、数週間経ったある休みの日、チイ子さんから携帯に着信があった。

出なかった。

別の事務所
よその事務所のケアマネに聞くと、こうした「物盗られ妄想」の場合は担当を変更し、それでも行く人がいなくなったら、別の事業所にふることが多いとのことだった。ただ人手不足もあり、別の事業所がすぐに見つかるとは限らない。

介護タクシー
要介護者や体の不自由な

体調でも悪くなってとっさにかけた可能性を考え、ケアマネに電話し、安否確認の連絡をとるようお願いした。ケアマネが連絡すると、「なんにもないわよ」との返答で元気だったという。ケアマネには、私に電話したことは伝えなかったそうだ。つまり、ケアマネがらみではなく、私に話があるのだろう。

その後も何度もかかってきた。出なかった。そして、着信拒否にした。

私への電話は、「早くお金を返しなさいよ」かもしれないし、「あれはどこにある？」と何かの置き場所を聞きたかっただけかもしれない。「水に流してあげるから、前と同じケアをしなさい」かもしれない。

だけど、なんとなく、「コンビニのカフェラテ1つお願い」である気がしてならない。

某月某日　**子機っ!!**：「さえんこと」を「オモロイこと」に

「本谷さんって、50くらいか」

人が利用するタクシーで、介護保険が適用される「介護保険タクシー」と、適用されない「福祉タクシー」がある。車椅子やストレッチャーのまま乗車できる車両があったり、必要に応じて酸素や車椅子も借りられるので転院時などは助かる。うちの母の転院時にも利用。距離があったこともあり、2万円近くかかったが、ストレッチャーと酸素を用意してくれ、病院到着後の移乗も介護タクシーのドライバーが見事な手際でこなしてくれ、納得の料金だった。

男性利用者に何度か尋ねられたことがある。

「さあ。本人に聞いてみてくださいね」

「村松さんは81らしいぞ」

と、ニコサンのヘルパーの年齢を平然と暴露する。私の年齢もこうしてみんなに周知されているのだろうが、本谷さんの年齢を知れば、利用者は驚くだろう。60を軽く超えている。

小柄でかわいらしいのに責任感と存在感がある。こまやかな気遣いもできる。すべての利用者とヘルパーの状況を把握*して、こちらが休むときもLINEメッセージひとつで「了解」と軽やかに受け止めてくれる。人手不足ゆえ、その代行には、彼女自身が行くことが多く、よほどでなければ、休んではならないと私は思っている。

たまたまその日、仕事のキャンセルが重なり、久しぶりに平日のまる一日が休みになった。ちょうど夫の休みの日でもあり、2人でドライブ*に出かけることにした。

車中、携帯電話に着信がある。ディスプレイには「ニコサン事務所」という表

すべての利用者とヘルパーの状況を把握
あるとき、本谷さんが体調不良で倒れたことがある。本谷さんがやってきた事務や、サ責自ら担当していた利用者のケアをヘルパーで手分けしたのだが、事務所は混乱を極め、上を下への大騒ぎになった。扇の要がいなくなり、事務所が機能不全を起こしてしまったのだ。本谷さんが復帰して、よ

示。出るとサ責の本谷さんだった。

「西田スエさんの子機を知らないよね？」

「知りません」

「そう。一応聞いてみただけなので気にしないで」

西田スエさんは85歳で要介護1。もともと要支援1だったが、転んで脚を骨折し入院。コロナ禍で誰も見舞いに行けず、退院するころには認知症がかなり進行していた。再認定をしたものの、要支援1からはせいぜい要介護1がやっとだった。印象としては要介護1よりはかなり重たく感じる。

1時間のケア中、過去の愚痴を話す。毎回だ。大きな目を輝かせて話すので、かわいらしいけれど、身内は耐え難いかもしれない。

前夜は、ケアマネから「西田スエさんのスマホを知らない？」という電話が入っていた。

ひとっ走りスエさんの家まで探しにいってあげようと思ったけど、やりすぎると自分の首をしめることになるので思いとどまった。スエさんは娘さんも息子さんも市内にいる。それにスマホがなければ、固定電話を使えばいい。どこかで落

うやく事務所が息を吹き返した。彼女の存在感の大きさを思い知った出来事だった。

2人でドライブ

ヘルパーを始めてまもないころ、「疲れた疲れた」と言う私に、夫は「そんな仕事やめれば」と言っていた。ところが、義親の介護に仕事での経験が生かされてから、この仕事に一目置くようになった。障害ある息子たちの世話も厭わないやさしい性格だが、引き出しも開けたら開けたままなので夫自体の世話に手がかかる。

としたのなら危ないけれど、それを考えるのも本来ヘルパーの仕事ではないと割り切った。

「じつは昨夜、ケアマネから電話があって……」と事情を説明する。

「スマホじゃなくて固定電話の子機なの。この前、ヘルパーが子機を自分のカバンに入れているのを見た、返してもらわないとカナダにいる義姉さんと話すときに困るって言うの」

　これも物盗られ妄想だ。ヘルパーは私しか入っていないから、私が子機をカバンの中に入れたことになる。子機でよかった。* 子機を欲しい人などいない。それが盗っていないことの証明のようでほっとする。

　このときはこれで終わったのだが、スエさんからの抗議電話はその後数日にわたって続いたという。サ責の本谷さんは「伝えておきますね」と流すらしい。

　数日後、事務所に行くと「あ、指名手配犯が来た」と本谷さんが笑う。

「スエさんね、あちこちに『うちに入っているヘルパーが子機を盗んで』って言っているわよ。役所の福祉課にまで電話して、『いくら電話してもニコサンが動いてくれない。おたくからも言ってほしい』ってしつこく言って、そっちから

子機でよかった
別のヘルパーは「今日、利用者さんのところで『あんた、タオルを盗んだわね』って言われたわ。タオルっていうよりボロ切れよ。あんなもの、誰が欲しいのよ」と笑った。誰もいらないものなら笑い話になる。だから「現金を盗られた」が一番きつい。

もうちに苦情が来たわよ」

「なんだかすみません」

「謝らないで。佐東さんはむしろ被害者なのに、謝りたい気分になっちゃうわよね」そう言ってなぐさめてくれる。

「明日うかがったとき、子機は盗ってないって言いましょうか？」

「蒸し返さないほうがいいわ。忘れてらっしゃるかもしれないし」

本谷さんの判断で、そのことには触れないことにした。

次回の訪問時、スエさんはいつものようにうららかで、いつもの昔話を聞かされた。何度も聞いた昔話を初めて聞くかのように聞きながら、掃除や洗濯をこなす。１時間がすぎ、帰ろうとすると、

「あなたって本当にいい人ね」

「わあ。ありがとうございます」

「だからね、もう子機はあなたにあげることにする*。返してくれなくていいわ」

ぐわん、と頭が揺れた。スエさんの中では、私が盗んだことになっている。

「ヘルパーが盗んだ」といっても、スエさんが妄想で作り上げた架空の誰か*のこ

子機はあなたにあげる
冷静になって考えると、それほど大事な子機をあげると言われるなんて、信頼され、愛されている証拠なのだ。そう考えれば、少し嬉しくなってくる。物事は捉えようかもしれない。ちなみに、その後、ペンがなくなったと言い出し、それは娘さんのせいだとしばらく怒っていた。いろいろなことを忘れてしまうのに〝盗まれた〟ことだけはしっかり記憶している。

妄想で作り上げた架空の誰か
リアリティーあふれる「架空の誰か」を作り上げる人は多い。「お泊まり（ショートステイ）にトランプを持って行ったの。夜、中学生の女の子が入ってきて、『おばちゃん、貸して』と言うの。貸したらそのまま返ってこなくて。職員さ

とだと思っていた。私だったんだ。山崎チイ子さんのことがあったから、少しは冷静に受け止められた。それでも心は波打つ。

「私、子機持ってないですよ」

「ええっ。でもたしかに……」

「娘さんが知ってらっしゃいませんかね」

「娘は人んちの子機なんていらないと思う」

「私もいりません」

「じゃあ、なんで持って帰ったの？」

「持って帰ってませんよ」

「でも、だったら、なぜないの？」

「私、この家で子機を見たことないんですよ。それに、子機って、この家の中でしか使えないんですよ。この家から外に出したら使えないから、スエさん以外の人は誰もいらないものなんです」

「だったら、なんで持って帰ったの？　あれがないと、義姉と話すのに困るのよ。義姉がカナダからかけてくるとき、時差があるでしょ。親機までとりにいけない

んに言ったら、『あの子はトランプも買えないかわいそうな子なの。今度来ても、部屋に入れないようにするからね』と言われたので、あきらめたの」真剣な目つきでそう言う。妄想だと思いながらも、真に迫る表情で話されると、本当かもと思ってしまう。不本意なことがあると、自分より弱い誰かのために我慢したというストーリーで自分自身を納得させるのだろう。そんな話には子どもが登場することが多い気がする。

のよ。枕元に置いておけば、すぐにとれるでしょ」

　実際に一時期カナダに住んでいた義姉はいるものの、もうずいぶん前に帰国しているし、スエさんは携帯電話を枕元に置いて寝ている。

「もう携帯電話をお持ちなんだから、そちらにかかってくると思いますし、そもそもカナダの義姉さんはもう日本にお住まいでしょ？」

「そうなのよ。やはり最後は日本ですごしたいと言ってね。最近電話がないけど、今度かけてくるときまでに子機を見つけておかないと時差が……」

　結局、「盗っていない」という私の主張を受け入れることはなく、「盗ったあなたを許す」というスタンスのままタイムアップとなった。

　認知症だから仕方ないと自分に言い聞かせてもモヤモヤは残る。モヤモヤを振り切るように自転車を猛スピードで走らせて、事務所に向かった。その日の仕事は終わりで家に帰ってもよかったのだけれど、誰かにこの話をしたくてたまらなかった。

　事務所に飛び込むなり、

「スエさんが子機のことを……」

と今日の出来事を話し出すと、

「子機っ!!」

と事務所全体から大笑いが起こった。サ責の本谷さんもケアマネも「まだ言ってるの！」と笑った。

事務所の大笑い*に救われた。認知症の人の発言を笑うのは失礼かもしれない。だけど、みんなで笑い飛ばすことで「さえんこと」を「オモロイこと」にできるような気がする。

某月某日 **見知らぬ人たち**：「なーんにもわからないばあさん」

「里芋を保存するにはね、土に埋めておくのが一番なのよ」

向井美智さんは里芋3つを今夜のおかずにするために台所に置き、あとの2つを庭に埋めた。ネットで検索してみると、間違いではないけど、いつまでも埋めておいていいものではない。90歳で要介護1の美智さんには認知症がある。私が

事務所の大笑い
その後2週間ほどして、この子機騒ぎはぴたりと収まった。そして、今ではペン以外にも、ものがなくなると、みんな娘さんが盗ったことになった。気の毒すぎる。

覚えておいてあげないといけない。

　週1回、買い物と掃除が私の仕事だ。美智さんが電話で注文したという近所の魚屋＊へ取りに行くと、

「電話注文されていたお刺身と焼き魚ね。あなたに言っても仕方ないのだけど、前に配達を頼まれたことがあるの。うちは配達なんてしてないけど、近所だし持って行ったら、玄関にお金が置いてあって、『そこに置いといて』って言われて。置いて帰ったら、あとで苦情電話がかかってきたわ。『あなたが声をかけなかったから、気がつかず腐っていた』だって。もう勘弁してほしいわ」

　愚痴を聞かされ、時間がかかる。

　代わりに謝ったところで、美智さんが変わることはないし、次は魚屋さんが家の中に入り冷蔵庫に入れられるようになるわけでもない。

　忘れることが日に日に増えていったが、今は亡きご主人の弟のお嫁さんがときどき来ては世話を焼いている。

「でもね、通院だけはなかなかつきあえなくて」と義妹さんが言う。ひと回り年下だけど、それでも78歳、若くはない。「有償サービスというのに登録されては

魚屋
昔は栄えた商店街が今はもうシャッター商店街。その中でも、肉屋1軒、魚屋1軒はしぶとく商売を続けていた。美智さん御用達の魚屋は、お客の希望に沿って、うどんやかしわ餅まで販売していた。本来、魚を並べるケースには、その店までしか歩けない人のために、いろんな食べ物が並んでいる。

どうでしょう。1時間1000円かかりますが、通院の付き添いをします」というくら説明しても美智さんはピンとこない様子だった。

ある日、ヘルパー先からいったん家に戻ろうと自転車を走らせていると、おしゃれして家を出る美智さんを見かけた。

「どこへ行くんですか？」

「病院よ。すぐそこまでだもの、私だけでも行けると思うの」

笑顔がすこぶるかわいい。美智さんは自慢話をしない。人の悪口を言わない。いつもニコニコ。私も美智さんのファンだ。

「家に来てもらう日じゃないのに、あんたの顔が見れた。ええ日じゃ」

人たらしな言葉も添えてくる。私の「お世話魂」に火が付く。美智さんが無事に病院にたどりつけるか、自転車を置いて、あとをつけることにした。病院に付き添う*ことはルール違反*だから、偶然出会って、行き先も偶然一緒の体《てい》で歩く。

美智さんはフェンスの破れをくぐり、段差をえいと降りる。小学生だって、こんな近道は通らない。

商店街に出ると、

病院に付き添う
介護保険を利用の場合、車椅子をヘルパーが押す、もしくは利用者が歩いているのをヘルパーが転倒しないように横で見守る（支える）のであれば「身体介護」。病院内での介助は、トイレや移動時の介助のみ介護保険を適用できる。診察時や会計待ちで座っている時間は介護保険の適用外となる。有償サービスなら問題ないが、終わる時間がはっきりしないので次の仕事に差し支えるのが難。

ルール違反
私は変なところで記憶力がいい。誰も覚えようとしないことを覚えてい

「あら、美智さん、どこへ行くの」

「まあ、美智さん、久しぶり」

いろんな人から次々に声がかかり、それに応じる美智さんの笑顔はいきいきしている。あの魚屋さんですら笑顔で手を振る。

無事に小さな個人病院に入ったところまで見届けて安心していると、「あらあら、美智さん」と診察室担当の看護師さんまで出てきて笑い声が響く。わからないこと、覚えられないことがどんどん増えても、地域で生きていく意味を見たような気がした。


そんなある日、美智さんの家を訪問すると、数人の声が外まで響いており、玄関にたくさんの靴があった。玄関で数回声を張り上げて、やっと気づいてもらえた。

「ヘルパー？　掃除と買い物？　じゃ、掃除だけして帰って。私が働いているところだったら入所してもいいって、伯母ちゃんが言うから、明日入所させるから。次からもう来なくていいから」


たりする。独身ＯＬ時代、総務部にいて社員名簿の氏名の横に生年月日があったものだから、つい覚えてしまった。内線でやりとりする際、ちょうどその日がその人の誕生日だったのを思い出し、「お誕生日おめでとうございます」と言ったところ、相手にいらぬ誤解を与えた。その教訓をもとに男性利用者には言わないことにしているが、女性には素直に「おめでとうございます」と伝える。デイに通っている人はデイで祝ってもらえる。その機会がなく、子どももいなければ、誕生日を祝われる機会がない。だから「今日はめでたい日です」と伝えたい。１００円ショップのお誕生日グッズを飾ったり、部屋に花をさしたり、缶コーヒーで乾杯したりする。これも本当はルール違反だけど。

派手な恰好の中年女性が言う。そんな話はケアマネからも聞いていない。美智さんの弟の娘たちだという。義妹さんと違って、血のつながりがある。だけど、これまで1回もこの家で会ったことはない姪と、よくわからない男女がひとりずつ、その3人が美智さんにがやがや話しかける。

「もう～、印鑑、間違えているんだもの。伯母ちゃん、全部の印鑑持っていこ。全部お金を下ろさないといけないからね」

「キャッシュカードの暗証番号、なんで忘れちゃうかなぁ」

「暗証番号忘れたんなら、本人が印鑑持っていかなきゃダメなんだからね」

美智さんはびくびくして、いつもより小さく見えた。

美智さんと姪御さんと女性が出て行った。

さあ、掃除をと思うが、本人不在でケアをするわけにはいかない。* どうしようかと戸惑いながら、ひとり残った中年男性をうかがう。靴下を脱ぎ捨てソファーに寝転んだままの男性は頭だけ反らして私に声をかける。

「いつもは買い物に行ってくれてんだよね？　なーんにもわからないばあさんとお金のやりとりするの嫌なもんでしょ？」

本人不在でケアをするわけにはいかない
「生活援助」でも、本人の安否確認や健康チェックも行なうため、本人不在時にサービスを提供した場合は介護保険で算定することはできない。あ

私をねぎらっているのか。それとも疑っているのか。それに美智さんを「なーんにもわからない」とはなんだ。どう答えたらいいのかわからない。

掃除を終えるまでに銀行に行った美智さんたちは帰ってこず、お別れも言えないままになった。

数カ月後、魚屋さんに呼び止められた。

「さびしいねえ。近所の人が、美智さんに会いに施設に行ったみたいだけど、聞いていた施設にもういなかったようなの。お庭もきれいなシャクヤクとかあったのに、何もかも切られて黒いシートをかけてあるんですものね」

美智さんの家に行ってみると、庭を覆ったシートの隙間から立派な里芋の苗が育っていた。大きな葉っぱが天を目指して手を広げていた。

某月某日　裏社会の姉御：私の困りごと

生活保護を受けている人が多いと聞くそのアパートには気のいい人が多く、私

らかじめ不在がわかっていたときには1回休みにするか、違う日時に振り替える。

にまで友人のように声をかけてくれる。2階の一番奥が、我修院春子さんの住まいだ。アパートは坂の上の急な傾斜に建っているから、2階なのに窓の外にはすぐ地面がある。

どの部屋にもエアコンがあって、それは最初からついているものだと聞いたが、なぜか春子さんの部屋にはエアコンがない。その蒸し風呂のような家に出入りする友人知人の多くには刺青《いれずみ》が入っていて、春子さんはお仲間から「春子姐《ねえ》」と呼ばれている。彼らの会話には「あれはどこどこの親分で」なんて話題がよく出てくる。真偽は定かではないが、こういうタイプの人と付き合ったことがないので勉強になる。

アイスクリームの買い物を頼まれ、一番近いコンビニで買い、必死に坂を登っても、到着したときは半分溶けている。

息を切らす私に、

「あんたのも買ってきたらよかったのに。かわりばんこになめる?」

とアイスクリームを差し出してくれる。

「お気持ちだけ」と断ると、台所へ行き、コーヒーカップにインスタントコーヒーを入れ、上白糖2杯入れ、ポットのお湯をそそぎ、「このままじゃ、熱すぎる」と水道の水を入れて私に差し出した。「飲みな」

私のを作っていたのか。ふだんは作る前に断ることにしているのに、疲れてボケッとしていたのはうかつだった。

「ヘルパーは利用者さん宅では飲食禁止なんです」

「なにぃ」とにらんだものの「飲めないんじゃ仕方ない」とあきらめてくれた。あっさりしているのが春子さんのいいところだ。一言で納得したら、もう四の五の言うことはない。

　山崎チイ子さんの生活保護の手続き前のこと。一緒に説明を聞きに行った帰りで、小冊子をカバンに入れていた。それを春子さんが見た＊。

「今のタイミングじゃないよ」

「はい？」

「生保。利用者さんの申請をするんだろ？　今はやめときな。今は年金直前だろ。金がなくて当然。数日頑張れるだろって思われる。年金直後も、なんでこんなに早くなくなるんだって話になる。タイミングをみないと」

春子さんが見た
春子さんの隣の部屋に、新しく男性が引っ越してきた。それからしばらくして、春子さんが愚痴る。「50くらいの男だけど、同じくらいの年の女を連れこみ、男女の営みをするんだ。1日1回なら許す。新婚なら数回でもええ。なんで中年の声を日に3回も聞かされにゃいけんの？　それも、そそるような内容ならええ。毎回ワンパターンや」

なるほどと聞いている。

「財布も見せたほうがいい。空っぽなのを見せて泣きつけば、最初の金が出るまで貸してもらえる。わたしゃ、生保もらってないけど、まわりはみんなもらってるから知識があるんだ」

丁寧に教えてくれる。

母のために、中古の車椅子を頼もうと思っているという話をしたときも、

「電動かい？」

「違います。後ろから押すやつです」

「なんだ。電動なら、知り合いに聞いてみてやろうと思ったのに」

「お知り合いの方、福祉用具屋さんですか」

「いや、盗品だよ。*電動は高く売れる」

「ダメですよ。体の不自由な人からものを盗むなんて。いや、体が不自由じゃない人から盗ってもダメだけど」

「私が盗ったわけじゃないよ」

「仲介するだけでも捕まります」

いや、盗品だよ
春子姐は平然ととんでもない話をするが、自分なりの正義感も持っている。先日、ホウキとチリトリで近所を掃除して、たくさんの吸い殻を集めていた。「春子さんすごい！」

「まだ誰も捕まってないよ」

義理人情に厚く、私のためを思って言ってくれているのだけど、それと盗品であることをどうバランスをとっているのか。頭の中がハレーションを起こすような感覚があった。きっとこれまで生きてきた環境が違うのだろう、春子さんのことを嫌いでもないのに少々疲れる。

依頼される買い物もたいへんだ。

「塩分のない塩を買ってきて」

「なんですか、それ？」

「塩分のない塩っていうのがあるんだよ。そう聞いたよ。塩水を飲むと体にいいらしいけど、しょっぱくて飲めない。それにわたしゃ血圧が高い。そしたら、こういうのがあるって教えてくれたんだよ」

念のため、薬局で聞いてみたが、薬剤師も首をひねるばかり。教えた人、教えるだけじゃなく、あなたが買ってきてあげて。

次回の訪問時に、「薬局でもわからないって言われました」と伝えると、

「藻塩だって」


と私が言うと、まんざらでもない顔をしながら、集めた吸い殻をそのまま排水溝に投げ捨てた。悲鳴をあげる私に「数メートル流れりゃ、きれいになるんだよ」。

藻塩はふつうに塩*ですけど……。

別の日には、「×××ドリンクを買ってきて」。

スーパーで確認すると、わからないと言われる。「そんな名前のはないんですけど」と電話すると、

「子ども用の風邪シロップだよ。それをドリンクとして飲むのさ。よく効くよ」

そんなことがあった数カ月後、同じものを春子さんに頼まれて、薬局に行くと、貼り紙がしてある。

《×××ドリンクは子どもさん用に限り、1本ずつの購入とさせていただきます》

ええっ！

引き返すわけにもいかず、素知らぬ顔で買おうとしたら、顔見知りの薬剤師さんが、

「大人が飲むってわかっているわけだから売れません。高揚感を得るため、ドラッグがわりに大量摂取する人もいるもので」

と説明してくれる。知らなかった。

藻塩はふつうに塩
藻塩入りの水を2リットルのペットボトルに作って飲んでいた。春子さんは高血圧だ。真夏に大汗をかいたあとでもないのに、そんなもの飲まないほうがいいといくら注意してもきかない。でも、しばらくすると藻塩ブームは去り、今はただの水道水をペットボトルに入れて冷やして飲んでいる。

薬剤師の説明を伝えると、

「なんで子どもに買って帰るってウソ言わないんだよ！」と怒る。

春子さんは、彼女なりの思いやりを持っている。悪い人ではない（法的には悪い人かもしれないけれど）。まだ若い彼女とはこれから長い付き合いになりそうだ。

春子さんはよく言う。

「何か困ったことがあったらすぐ言いな。私がしかるべき筋に頼んでやるさ」

とりあえず、困っていることはあなたの買い物内容です。

某月某日　ずるいずるい：西日本豪雨、悪戦苦闘

わが子に障害のある親同士で「手帳持ってる？」と言えば、もちろん「障害者手帳」のことだ。「身体障害者手帳」と「療育手帳」と「精神障害者保健福祉手帳」の3種類がある。「療育手帳」というのは、知的障害の人に出される手帳の

ことだ。

このあたりで高齢者さんのところで手帳といえば、「障害者手帳」のほかに「原爆手帳（被爆者健康手帳）*」の場合もある。

近年、これまでは認められていなかった地域も黒い雨の降ったことが認められるようになった。その雨に遭った人たちも医療費の減免がある手帳をもらえる。

そのニュースを見て、ニギリ美子さんが怒っている。

「年をとったら、誰だって、白内障とか病気が出るの。それなのに白内障になっただけでお手当もらったり、医療費がただになったりするんでしょ。おかしいじゃない。私だって白内障になったんだから、お手当くれたらいいのに」

美子さんは広島出身だが、黒い雨には遭っていない。

医療費の減免は、被爆者で放射能の影響と思われる病気であることが条件なのだが、その病気が一般的なものも多く、美子さんのように勘違いをする人がいる。自分も同じ病気なのに原爆に遭った人だけ優遇されるのはおかしい、という考えなのだ。「介護度」でも、自分より軽く見える人が重い介護度の認定を受けただけで、美子さんは「ずるい」と憤る。93歳になった美子さんは家の中を歩くのが

原爆手帳（被爆者健康手帳）
「原子爆弾被爆者に対する援護に関する法律」にもとづいて被爆者に交付される。所定の要件を満たすと医療費などの支援を受けられる。「被爆者健康手帳」を持つ人は2024年3月時点で10万6825人。その平均年齢は85．58歳。

「ずるい」と思う感情
利用者が亡くなったあと、

やっとだ。それでも「ずるい」と言うときの気迫は生命力にあふれている。

「そうじゃないんですよ」と説明しようとするが、短い時間の雑談では、美子さんを納得させる説明をするのは難しい。「ずるいずるい」で固まっている人の頭には届かないと思って、やめる。


美子さんには医療費の減免がある。他人から「それはずるい」なんて言われたら、きっと怒る。「ずるい」と思う感情*は面倒だ。


最近の美子さんは、口の中の不快感で、食べられるものが少ない。栄養はエンシュア*で補給する。

「卵焼き*なら食べられる気がする」と言われ、作る。いつも時間に追われている私の卵焼きは少し硬い。

「もっと柔らかいほうがよかったですか。ごめんなさい。うちの旦那なんか、おまえの卵焼きを食べたら咳が出ると言います」

自分を落として笑いをとろうとする。悪いクセだ。

美子さんは笑うどころか、「でしょうね」と冷たく言い、端っこをかじっただ

わずかな遺産をめぐって問題が起こるのは、お金欲しさというより、「ずるい」という感情ゆえだと思う。素敵な人だなと感じる利用者はみんな「ずるい」と思う感情を持っていないような気がする。

エンシュア
術後の栄養保持や、長期間食事を経口摂取することが困難な場合の栄養補給に用いられる医療用栄養剤。いくつかの風味があり、美子さんはバニラ味。以前、義母の食欲が落ちたときに薬局で相談したら、「処方箋をもらってエンシュアでもいいんですけど、とりあえずハーゲンダッツとかでどうですか」と勧められた。

卵焼き
卵焼きは、甘い派、しょっぱい派、柔らかいの好き、

けで残した。

結構へこむ。だけど、利用者の中には同じ卵焼きを「これうまい。佐東さんの日は毎回これを頼む」と言ってくれる人もいる。介護現場での自己肯定感は上がったり下がったり忙しい。

食べられるものが減っていったせいか、美子さんの希望はどんどん難しくなっていった。

「シュッとした飲み物なら飲める気がするの。梅ソーダか、いちごソーダを大至急買ってきてちょうだい」

近所の店にはない。大急ぎで遠くの大きな店に行ったが、そこにも見つからない。たまたまやっていた特産品フェアで希望に近いものを見つけた。

「口じゅう、針がささったみたいに痛かったわ。ひどい飲み物ね」

喜ぶ顔を楽しみにしていたのにガックリ。ヘンな期待をするんじゃなかった。

パンだけは決まったものならどうにか食べられた。

そんな折、西日本豪雨*が起こった。いずれの利用者宅もわが家も、浸水や土砂の被害はなかったが、流通網が寸断され、いつもどおりの食品が手に入らなく

硬いの好きと好みが難しい。ある利用者宅で料理を作ろうとしたが、油を塗るものがない。油を広げる刷毛のようなもの、もしくはキッチンペーパーかティッシュでもと探していたら、「何してんのっ。ここにあるに決まっているでしょ」と、鏡台の引き出しの化粧用コットンを取り出す。誰かの常識は、誰かの非常識。

西日本豪雨
2018年6月28日から

なった。そのうえ、美子さん宅は水も出なくなった。

美子さんのパンも店頭になく、なんとか似たものを手に入れて持っていった。

「違うじゃない！」と放り投げられた。

「ないんですよ。豪雨の影響で、手に入らないんです」

「それをどうにかするのが、あなたたちの仕事でしょ」

手洗い用に、水道水を運ぶが、それが泥臭いと言う。

「そんな泥臭い水は嫌。薬局のお兄ちゃんが水を持ってきてくれたもーん。これでいいんだもーん」

エンシュアは薬局が配達しており美子さんの状況もわかっている。ひとり暮らしで水に困っているだろうと、気を利かせて２リットルペットボトル６本入りの箱を持ってきてくれたらしい。

脚は悪いけど、２リットルの水を扱うことも、ペットボトルの蓋をあけることもできる美子さん。手を洗うのに、その貴重な水を使っても、ひとり暮らしなのでどうにかなる。

災害になれば、家族の水と食べ物の確保と同時に、利用者のことも考えないと

７月８日にかけて発生した集中豪雨。無人の義実家は床上浸水した。友人の実家は土砂に埋まった。私の住むＨ市でも、あちこちで「知り合いが水に流されたが、どうにか助かった」といった話を聞いた。

いけない。身内のいない人を、水も食べ物も手に入らない状態のまま放り投げるわけにはいかない。

大きな災害が来たら、いったいどうなるのだろう。

某月某日 看護師はやってこない：祖母の介護体験

祖母は被爆者だった。

原爆投下*まもないヒロシマ*の焼け野原を、身内を探して歩き回り、黒い雨を浴びた。それなのに、「証人がいない」という理由で原爆手帳はとれず、被爆者と認められなかった。被爆が原因で、体が弱かった。

小学生時代、土曜日の午後、電車とバスを乗り継いで1時間の祖母の家によく泊まりに行った。母はひとりっ子で、祖母にとって孫は私と弟だけ。初孫である私を、祖母は溺愛してくれた。やさしい祖母と一緒にいるだけで楽しかった。

小学生の私は、つらそうな祖母を「買い物に行きたい」と駄々をこねてつきあ

原爆投下 広島生まれ、広島育ちの私にとって、8月6日8時15分の黙とうは当たり前で、他県ではそれをしていないことを知ったときは衝撃を受けたほどだ。私のまわりの被爆者たちはみな幼いころに被爆していて、その〝地獄〟の記憶は薄い。祖母が私に自分が見た〝地獄〟を

わせた。その翌日、祖母は入院した。私のせいだと落ち込んでいると、祖母は原爆が原因の体調不良なのだとなぐさめてくれた。

私が高校生になるころには、祖母は失明し、退院の見込みのつかない入院生活を送るようになった。

当時、病院は「完全看護」を謳っていたが、慢性的な人手不足で「ご家族も付き添ってください」と言った。母と私、小学生の弟が交代で1日1回、顔を出すようにした。

ある日、私が病室に顔を出すと、祖母は必死に部屋のしきりのガラスを叩いていた。祖母の部屋はナースステーションの横にあり、用があるときには、ナースステーションとのしきりのガラスを孫の手で叩いて、知らせることになっていた。起き上がれない祖母の排便には、差し込み便器と介助者が必要だったのだ。

排便のため、ガラスを叩き続ける祖母を、看護師はみな無視して通りすぎていた。

「これをお尻の下に入れたらいいんだよね？」

私が差し込み便器を持ってくると、祖母は顔色を変えて、身をよじった。

語ったことは一度もなかった。

ヒロシマ
2024年にできた新しいサッカースタジアムの名称は「エディオンピースウイング広島」。原爆ドーム・平和記念公園から近いこの地に、平和の象徴であるスタジアムを作りたいと長崎出身、広島で活躍した森保一監督も望んだのだという。私はサッカーが11人でプレーすることとゴールに入れば点になることしか知らないが、スタジアムの熱気にハマって月1回通っている（なお、飲食関連はマツダスタジアムに及ばないと個人的に思っている）。

「しおちゃんにやってもらうわけにはいかん」*

そう言ってガラスを叩き続けた。それでも看護師はやって来ず、ついに便意に耐え切れなくなった祖母は私を頼った。

症状がさらに悪化した祖母は別の病院に転院した。その病院はさらに遠く、多くの乗り換えが必要だった。

失明し、人工透析も必要となった祖母の食事介助は、味のほとんどない食品*を祖母の口に入れる作業だった。

「塩味のまるきりない魚を食べたことなかろう？　生臭いだけで食べらりゃあせん」

そう言う祖母に、「お粥だよ」とウソをついて、魚をまぜたものを食べさせた。栄養をとってほしかった。ほんの少し混ぜただけだからわからないと思っていた。

祖母は数口食べたあと、口を開けなくなった。

「どしたん。お粥、もういらんの？」

「おばあちゃんは、魚はいらん言うたじゃろうが。目が見えんけえ、わからん思うたん？」

やってもらうわけにはいかん
私どころか、母にやってもらうことも嫌がった。身内ではなく、ケアを職業とする人にしてほしかったのだろう。高校生の私にとっても、大好きな祖母のシモの世話はつらかった。現在、ヤングケアラーが少なくない現状を耳にすると胸が痛む。

味のほとんどない食品
祖母の食事は、まったく味がないばかりか、見た目も美しくなく、ほぼ毎日同じメニューが続いた。今では病院食もかなり進化して、味や見た目にも配慮されていてほっとする。

どんなときもやさしかった祖母が、そのあと、顔を背けたまま、しゃべらなかった。

祖母はどんどん弱っていった。

「でも、次に退院するときは、私たちと同居できるね」

私たちはそう言って祖母を励ました。

夏休みの終わり、一家で家族旅行に出かけることになり、病院を訪れた。

「明日から家族旅行へ行ってくるね。お土産買ってくるから、待っていてね」

祖母は灰色の目を私のいる方向に向けて、「うん」とうなずいた。

その日の夜、容態が急変し、祖母は帰らぬ人となった。家族の中で、祖母に最後に会ったのは私だ。そのときにかけた言葉が「ありがとう」でも「大好き」でもなかったことに、40年以上経った今も後悔が消えない。

あのとき、祖母にできなかったことを、どこかへ向けねばと思い続けてきた。

そして、それを職業としてするのならば、あのときの看護師のようにはなるまいと心に誓っている。

某月某日 **ワクチン打った？**：私の主義は…

2022年の夏、私はコロナに感染*した。幸い、利用者に濃厚接触者のいない状態での発症だったが、2週間の自宅待機となった。

有償サービスで掃除に通っていた林シヅさんに「しばらく行けない」と電話をかけた。96歳のシヅさんはこの年齢にして、要支援すらないひとり暮らし。かかりつけ医に「そのうち必要になるから慣れておいたほうが」と勧められて、有償サービスに掃除の依頼だけしていた。

介護保険の仕事であれば、コロナで自宅待機になったヘルパーのかわりに代行が行く。ただ有償サービスの場合、無理はしない。ましてかくしゃくとしたシヅさんは誰かが来なければ自分で掃除する。全然困らない。

そんな気安さもあって、つい「コロナになって」と言ってしまった。その途端、シヅさんの口調が一変した。

コロナに感染
感染対策には力を入れていた。購入品はすべてアルコールで拭いていたし、靴の裏だってアルコール消毒した。上着は玄関で脱いでいた。それでもかかった。発熱が落ち着いたころ、嗅覚がなくなったのが怖かった。コーヒーはただのにがい液体で、食の喜びも減った。このまま嗅覚が戻らなかったら、部屋のどこかにリハビリパンツが隠されていることに気づけなくなる。そう思って不安だったので、嗅覚が戻った瞬間ものすごく安堵した。

「コロナって、あんた、どんな危険なところに行ったの⁉」

「いや、仕事以外そんなに特別なところへは行ってないんですが……」

「コロナなんて、嫌ねえ。うちはワクチンを打っていない人が隣に住んでいるから困るんですよ」と言われ、「すみません」と謝る。

隔離期間が終わり、電話をした。

「なんだか気持ち悪いから、まだ来ないでくれる？　だって、気持ち悪いじゃない、コロナになった人なんて」

「では、いつごろ連絡したらいいでしょうか」

「1カ月後かしら」

1カ月後、電話した。

「まだ2カ月経たないのよ。コロナになった人間は気持ちが悪いの。まだ家に上げる気はしないわ」

「あの、今の私は、まだコロナになってない人よりコロナになりにくい状態なんです」

「でも気持ち悪いじゃない。コロナになった人なんて」

介護職員が一番しんどいこと*は、シモの世話より、暴言・暴力*だ。シヅさんの言葉が暴言といえるかどうかはわからない。だけど、「気持ち悪い」という言葉が、何度も心をえぐる。「コロナが気持ち悪い」のだろうけど、私という存在そのものに言われている気分になる。介護職なのになぜ気をつけなかった、と責められている気分になる。私は何も反論せず、こう提案した。

「じゃあ、こうしましょう。もう電話はしません。また必要になったら、事務所にお電話ください」

そうお願いして1カ月後。私のスマホがシヅさんからの着信音を鳴らし続けた。出なかった。それでも30分ごとに鳴り続ける。出なかった。

翌日、有償サービスの担当者から電話があった。

「林さんから、また佐東さんにお願いしたいという電話があったのですが……。そのわりにコロナは気持ち悪いの連呼で。あんまりひどいと思って、こっちで断りました。ほかに行けそうな人を見つけてみますね」

担当者が私のしんどさをわかってくれた*ことに感謝した。

逆の人もいる。

しんどいこと
介護現場におけるハラスメントは「コップを投げつけられる」「手を払いのけられる」「唾を吐かれる」といった身体的暴力、「大声を発する」「理不尽なサービスを要求する」「威圧的な態度をとる」といった精神的暴力、「必要もなく手や腕をさわる」「女性のヌード写真を見せる」「卑猥な言動を繰り返す」といったセクシャルハラスメントがあげられる。厚生労働省の調査では、施設・事業所に勤務する職員のうち、「利用者から」では4~7割、「家族などから」では1~3割がハラスメントを経験している。

暴言・暴力
暴言に類するものはたまにあるが、私は利用者から暴力を受けたことは一度もない。またニコサンの仲間からも利用者から

〝裏社会の姉御〟こと我修院春子さんはヘビースモーカーでいつもゲホゲホ咳をしている。コロナ禍でも絶対にマスクをしない。そして、マスク姿の私に「顔も見えない人と話などできない」とマスクを外すように言う。

「私が無症状のコロナだったらいけませんし、ルールなので外せません」と断る。

「昨日、飲みに行った店にコロナの人がいてさあ」などと言って笑う。

意見の分かれるワクチンもまた難しい。

「インフルのワクチン、打ったでしょうね？」

「コロナワクチンは何回打ったの？」

結構厳しくチェックしてくる利用者がいる。

「自分で判断できなくなっている認知症の方をワクチン接種に連れて行くなんてやめなさい。それって虐待だと思うわ！」

声高に言う利用者もいる。

コロナにもワクチンにも私には強固な主義はない。でも、打たない主義の場合、うまくごまかす技術が必要だと思う。

「△△党はダメだと思わんか。今度の選挙、凸凹党を頼むよ」


暴力を受けたという話は聞いたことがない。

しんどさをわかってくれた

「また林シヅさんのところへ行ってください」と言われたら、きっと行っていたと思う。シヅさんからの電話に出ないのもおとなげないと自覚していた。他人から見れば、仕事を断るほどの理由ではないだろうとも思う。それでも、自分の痛みに気づいてもらえるだけで元気が出るし、つらい気持ちを理解してもらえるだけで仕事を続ける気になるものなのだ。

「わたしゃね、あの寺へ通い始めて運気があがったんじゃ。*一緒に行かんか」

こういう場合、否定も肯定もせず、にっこりほほ笑んで話題を変える。

「夕べのカープ、ありゃ、采配がなっちょらんわ」

「そう！　投手交代のタイミングが……」

こういう場合、侃々諤々《かんかんがくがく》、大いに盛り上がる。

某月某日　やっぱりアレだった：チョコかと思ったら

利用者宅は「中間」が少ない。「思いっきり汚部屋《おべや》」か「ほこりひとつない部屋」のどちらか。

ニギリ美子さんのお宅は立地はいい。近くに店も病院もある。部屋もゆったりとしている。だけど家賃5万円は高い。この地区では築年数の浅い、こぎれいなワンルームマンションの家賃が5～6万円ほど。長屋風の古びた建物の一部で、洗面所とトイレはあとから作ったように母屋から飛び出ている。洗面所は渡り廊

運気があがった　知り合いのヘルパーに用があり、ケアの終わり時間を見計らい、私も入っている利用者宅へ行った。ワンルームのドアが開いていたのでのぞくと、ヘルパーがその利用者と並んで仏壇の前に正座し、お経を唱えていた。驚いてドアを閉めようとすると、音に気づいたヘルパーが出てきた。「すごいでしょ。お経で体調が良くなったのよ。あなたもどう？」。遠慮させていただいた。

下の一部のようで屋外との境は板1枚でおそろしく寒い。これで家賃5万円。身寄りのいない高齢者に家を貸す人は少なく、足元を見られているのかもしれない。

部屋はぼろぼろだけど、美子さんは潔癖症ともいえるきれい好きだ*。だから、掃除も手を抜けない。

一生懸命、畳の拭き掃除をしていたら（濡れた雑巾で畳を拭くことには抵抗があるが、希望する人は多い）、ときどき茶色い粘度のある粒が畳の隙間にめり込んでいる。

美子さんがチョコを食べているところは見たことがないし、これはなんだろうと思いながら、爪でかき出して片付けていた。

美子さんのベッドに敷いてあるバスタオルにも同じような茶色いシミがあった。もしかしたら、うんちじゃないかと思ったが、認知症でなく、目もしっかり見えている、プライド高い美子さんにそんなことは言えない。

美子さん宅の茶色い何かへの疑惑を深めていたある日、入浴介助の際に浴室手前でぽろぽろとチョコボールのようなものがいくつか落ちた。

間違いなく便だ。やっぱりこれまでのアレはソレだったんだ。

潔癖症ともいえるきれい好き
化粧水とクリームは「1万円のものを使っている」（本人談）せいか、美子さんの肌はきれいだ。髪も豊かでこまめに染めている。服にもお金をかけている。笑えばきっと服も似合うだろうに、笑顔を見たことはほとんどない。

それより、美子さんが気づいてプライドを傷つける前にどうにか捨てようと思ってあわてていると、

「あらあら、うんこちゃん」

あっさりそう言うと、素手で拾って、窓の外*へぽいと投げる。気にするでもなく、平然としている。

美子さんとは別の人でも同じようなことがあった。入浴介助時、気持ちよさそうに浸かっている浴槽の湯にぷかぷかと茶色いものが浮かんだ。

このときも、どうにかさりげなく捨てなくてはと焦っていると、本人がすぐに気づいて、「あらら」と洗面器ですくって、排水溝に流す。そのまま何もなかったように浸かっていて、そのお湯で顔をじゃばじゃば洗っている。

この人もきれい好きで家にはほこりひとつない。

利用者たちが若かったころ、シャワーのかけ湯もなかったし、幼い子が浴槽で粗相《そそう》してもお湯を入れ替えることなどなかっただろう。そんな意識が「うんこちゃん」を平気で受け入れさせているのかもしれない。

窓の外

「外」といっても、トイレへの渡り廊下の横にある土間で、廊下を通るといつも見える場所だ。美子さんは切れた蛍光灯もそこへ投げ捨てていた。まとめて片付けるのかと思ったが、いつまでもそこに置いて（捨てて）ある。どうするのかと尋ねると、「私が死んだあと、誰かがきれいにするわよ」。

某月某日　切るVS抜く：事実は想像のななめ上

〝黒ヤギ白ヤギ姉弟〟の久保サチ江さんが突然、ハサミ魔になった。なんでも切りまくった。

テレビがない分、愛用していたラジオのコードも扇風機のコードも切った。*　服も切った。昔ふらりと入ったブティックでコーヒー出されてやさしくされて買わされた高い洋服も切った。

私が訪問すると、玄関のドアを開けてあたりを見回し、誰も立ち聞きしていないのを確認してから、そっと耳打ちしてくれた。

「どうもこの家にこっそり入ってきて、切るやつがいるのよ。眠る前はなんともなかったのに、朝起きると、いろんなものが切り刻んであるの」

ハサミを隠しても、どこかでもらったり、買ってきたりして、また切る。

だけど、ある日突然、何も切らなくなった。

コードも切った
うちの息子が幼いころ、使用中の扇風機のコードを切ったことがあり、派手な火花が飛んで、驚いた。今、わが家では油断すると鳥がコードを噛み切る。1日2回の放鳥中、ちょっと目を離したすきにルーターのコードと電話のコードをやられてしまった。

ちょうどそのころ、弟の正男さんがプラグを抜き始めた。一緒に住んでいるわけじゃないのにタイミングが同じ。姉弟ってこんなところまで似るものか。テレビもエアコンも冷蔵庫も抜き始めた。

そして、夕方になると「私はそろそろ広島に帰ろうと思います」とカバンを持って出かけようとするようになった。

心配したケアマネから、有償サービスで毎夕行ってくれないかと頼まれた。「夕飯を用意していただいて、たいへん申し訳ないが、私は急ぎ広島に帰らねばなりません。それはあなたが召し上がってください。それでは」と言うので、部屋の窓をあけて、見える看板の中から、「広島」という文字を指し、「もう、広島に戻って来られていますよ」と言う。「なんと!」と驚き、納得したようにカバンを置き、夕飯を食べ、パジャマに着替えてもらうと、その後はおだやかにすごす。

毎日というのはきつい。レジャーに出かけていても、*夕方、正男さんが〝旅に出る〟前に行かねばならない。それに冷蔵庫のプラグを抜かれると、夏場は毎日行かないと食品の保存も難しい。抜かないようにテープでとめても貼り紙をして

レジャーに出かけていても
わが家のレジャーはスポーツ観戦が多い。行く

も効果はなかった。

あるとき、訪ねると、冷蔵庫が定位置から玄関方面に数メートル移動している。一人用の小さめなタイプとはいえ、軽くはない。どうにか元に戻して、プラグも挿しておいた。

翌日、また冷蔵庫が動いていた。昨日よりさらに玄関に近づいた。どうにか戻したが、翌日、さらに玄関に近づいていた。

そして、とうとう玄関のぎりぎりまでやってきた。なんだか「だるまさんが転んだ」でもやっている気分だ。

その翌日は、冷蔵庫はいよいよ外に出てくるのかと思ったら、玄関で止まったままだった。少しがっかりした。ただ、冷蔵庫の中にはぎっちりと靴が並べてあった。事実はいつも想像のななめ上だ。

靴を取り出して、冷蔵庫を元の位置に戻した。翌日、冷蔵庫は玄関にあり、中には靴が並べてあった。そうか、これが完成形か。

ならば仕方ない。私たちにできるのは、冷蔵庫がない状態でも食中毒を起こさずに安全に食事してもらうことだ。

のはもちろんカープとサンフレッチェの試合だ。以前は月に何回も足を運んでいたこともあったが、今はともに月1回ずつと決めている。20年以上前、ボロボロの市民球場で開催されたファン感謝デーで、息子が新人の黒田博樹投手と一緒に撮ってもらった写真は宝物だ。ちなみに正男さんに野球の話をすると、「カープはどうせビリでしょう」。カープの記憶はずいぶんと昔の時代で止まっている。

某月某日 **捨てる神あれば**：「子」という響きの温かさ

久保サチ江さんのところにもうひとり入っているヘルパーは南田さんという。私よりゆうにひと回りは年上だ。彼女はニコサンの初期からいて、自分ルールを持っている。

久保サチ江さんが次々家電のコードをハサミで切って使えなくしたときは、そのかわりの扇風機やラジオを中古品の店で買ってきた。

「また切るかもしれないし、安いに越したことはないわよね」と笑う。その代金も、遠い店へのガソリン代も全部、南田さんの持ち出しだ。

サチ江さんが服を切り始めると、自分のお古を持ってきた。事務所としては本来NGということも平気でやる。事務所が止め切れないのは、利用者のことを思っての行動だからだ。

サチ江さんの認知症が進行し、施設に入所することになった。その荷造りを南

田さんと一緒にした。

入所すれば、食事は出るので、鍋も食器も必要なくなる。ユニット家具もすべては持っていけない。

後見人の弁護士が来たとき、南田さんが聞いた。

「いらなくなったもの、いくつかいただいていいでしょうか?」

どこかへ売れるようなものではないし、捨てる費用が浮くくらいなので後見人の弁護士もOKを出した。

「私が担当している利用者さんの中になんでも壊しちゃう子がいるの。お金もそんなに持ってない子だしね。持っていってやろうと思うの」

「子」と言うくらいだから、20代か30代かなと思っていたら、精神障害のある40代の人*だと言う。

南田さんが言う「子」という響きの温かさ。ヘルパーのほうが高齢*だから、その40代の利用者の担当もいつかは別の人に替わる。利用者さんはつらかろうなと思う。

じつは、南田さんと似たようなことを私もしている。

40代の人
聞くところによると、20代のころから、ずっと南田さんが担当しているのだという。20年以上の付き合いなら、本物の親子みたいなものかもしれない。ニコサンは、担当が変わらないことが多いが、半年ごとにシャッフルする事務所もあるという。なれ合いにならないほうがいいのか、お互い深く理解しあえているほうがいいのか、一長一短だと思う。

ヘルパーのほうが高齢
訪問介護員（訪問ヘルパー）の4人に1人が65歳以上。65歳以上の労働者が占める割合も、サービス提供責任者や介護職員、看護職員が10％程度なのに対して、訪問ヘルパーはとくに高齢化が進んでいる（介護労働安定センター「介護労働実態調査」より）。

グループホームへ移ることが決まった利用者の身内が、寝具一式を捨てると言う。じっとりと重い布団を使っている別の利用者のことが頭に浮かんだ。自転車の前かごに掛け布団、後ろに敷布団をくくりつけて、その人のところへ運んだ。大喜びだった。

その笑顔を見ながら、不用品をどこかに保管し、いるものを持っていけるシステムがあったらいいかも、なんて考えていた。

市川久則さんが老衰で亡くなった。98歳。苦しまず、眠るように亡くなったそうで、タマさんはめそめそしていない。介護をやり切ったので悔いはないと言って、すぐにフラダンスと絵画教室に通い始めた。

「主人のことは大好きだったけど、私も残された年月*は短いのよ。どうせもうすぐ向こうで会えるのだから、今は泣いている時間があったら遊ばなきゃ」

その考え方、素敵！

ただ、タマさんは残されたものが捨てられなかった。久則さんの思い出があるものに未練があるのではない。ものを捨てること自体が嫌なのだ。

近所の人、遠い親戚、行きつけの店の店員。じっと観察し、「着れそう」と判

残された年月
夫を亡くした妻は元気になるのに、妻を亡くした夫は1年ほどで亡くなる例がとても多い。私が入っていたお宅で奥さんが亡くなった。ご主人はとくに奥さんにやさしいわけでもなかったが、何日も呆然としていた（よ

断したら持っていく。年代ものの背広までサイズの合う人に押し付けた。

　勢いのついたタマさんは自分の分まで断捨離《だんしゃり》を始めた。

　私にも押し付けようとするが、服も靴もサイズが違いすぎた。体が大きくてよかった、と胸をなでおろしたのもつかの間。

「このコート、フリーサイズなの」

　タマさんが持ち出してきたコートは、時代のわかる肩パッド入り。

「私には自前の肩パッドがありますので、これ以上のパッドは……」

「じゃあ、これならどう？」

　古いバッグはずいぶんと劣化し、表面の革の一部がポロリと落ちた。

「それじゃあ、浴衣ね。30代のころのだけど、それほど着ていないからきれいよ」

　そう言うと、タマさんは私のカバンに、50年前の浴衣をねじ込んだ。


うに見えた）。そのうち動き出したと思ったら、毎日のように昔、夫婦で旅行したときのビデオを繰り返し見ていた。心身ともに急に弱ってしまい、それから1年後に亡くなった。

第4章

まだ、やめたくない

某月某日

身内の介護、他人の介護：親だから腹が立つ

80歳で心臓手術をしたのを皮切りに、私の母は入退院を繰り返してきた。もともと間質性肺炎*があり、体は強くない。若いころから、うつ病も抱えていた。

2023年、コロナに罹患した母は肺が悪化し、酸素吸入が必要になった。

訪問医療、訪問看護、訪問リハビリが母を支えてくれることになり、介護認定を受けたが、「要支援1」、つまり7段階の一番軽い程度の認定だった。

月1回の母の総合病院への通院時には、私が付き添い、終わったあと、2人で美術館やカフェに行ったりしていた。酸素吸入を始めると、それも難しくなった。

一方の父はずっと元気でやってきた。

「オトーサンです」

名乗らなくてもわかるのに、父からの電話はいつもその一言から始まる。

だけど、その日、父の声は震えていた。母は数日前に入院し、実家には父ひと

間質性肺炎
「間質」と呼ばれる肺胞（吸い込んだ空気を入れる場所）の壁に、炎症や損傷が起こる病気。肺胞の壁が厚く硬くなるため、酸素を取り込みにくくなる。母が大好きだった美空ひばりさんもこの病気で亡くなった。母の病気は奇跡的に進行せず、ふつうに生活を送っていたが、80代になると風邪をひくごとに呼吸が荒くなり、脚は丈夫なのにあまり歩けなくなった。

りだった。

「今のぉ、家の中に男が3人おるんじゃ」

「友だち？　私ね、今、仕事中。あとでゆっくり……」

「違う！　悪者が3人おるんじゃ！　きっと闇バイトのやつらじゃ！」

「ごめん。あとで必ずかけ直すから」

せん妄*？　さんざん利用者とのやりとりで体験したことがよみがえる。実父にもいよいよそのときが来たのか。背中がぞくりとした。

それから、20分後、仕事を終え、父に電話をかけようとしたら、叔母からかかってきた。父は叔母にも電話したらしく、警察と叔母が実家に駆けつけたが、室内は無人で、人のいた気配もなかったらしい。

翌朝、私が実家へ行くと、父は意識がもうろうとしていて、寝床から起き上がれずにいた。

救急搬送した病院で、心不全の悪化と、それによるせん妄と診断され、そのまま入院することになった。

心不全は落ち着いたものの、まだろくに歩けない父は、地元の個人病院に転院

せん妄
身体疾患やクスリの影響で、一時的に意識障害や認知機能の低下が起こる現象。父にはこれまで一度もなかった。幻視に対して否定も肯定もしないのが正しい対応とされるが、「闇バイトが3人いる」はスルーできず、「誰もおらんよ。体調が悪いけえ、幻を見るんよ」と言い返した。父は「なんでわかってくれんのじゃ。おるんよ。ホンマにおるんじゃけ！」と言った。こちらもむきになって「おらんよ」と言い続けてしまった。

した。そのころから、私へ電話が頻繁にかかってくるようになった。

「こんなところへわしを閉じ込めて、殺そうとしとるの。わしの金はわしのもの*じゃ。勝手に使うんじゃないぞ！」

「高木さんも江藤さんも新しい墓を建てたと聞いた。わしだって建てないと恥ずかしい。わしは今すぐ墓を買いに行こうと思う」

「おまえらがわしからクルマをとりあげたんじゃ！　だから、これからはわしの足となれ」

「お母さんをこの病院に転院できるように段取りを済ませてやったぞ」

こんな感じで、あることないこと、次から次へと仕事中にかかってくる。

病気が父にこんなことを言わせている。スルーして、軽やかに別の会話に切り替えるのがセオリー。こちとらプロだ。介護現場で何百回と体験している。さらりとやってみせる。

……はずなのに、できない。*

身内の暴言やしつこさは「真剣」だ。こちらの心に容赦ない刀傷をつける。

仕事先で、利用者から数分おきに同じ愚痴を聞かされようと、腹の立つ物言い

わしの金はわしのもの
父の通帳は私が預かっている。そのことへの不満がこのセリフに表れたのだろう。通帳を家族が預かっている利用者は多いが、「息子（娘）が勝手に使い込んでいる」と愚痴られるケースはよくある。

できない
実害が出そうにない話であれば、受け流せる。「うちにいた小さな子どもはどうなった？」と父に言われたことがあり、「もう帰っていったよ。安心して」と穏やかにスルーできた。だが、多少なりとも事実にからんでいたりすると、感情的に耐えきれなくなって否定してしまう。他人の介護と、身内の介護が根本的に違うと感じる瞬間だ。

をされようと、ここまでの傷はなかった。

ある利用者からこんな話を聞いた。

「娘が私をひどく怒鳴るの。娘からの着信があったから、かけ直したのに、怒るのよ。私の通帳をとりあげているのも娘よ。きっと自分のものを買っていると思うわ。ここにあったペンも虫眼鏡もなくなったの。みんな娘が持って帰ったんだと思う」

スマホを見せてもらうと、娘からの着信などなく、娘への発信履歴だけが数分おきに数十回繰り返されている。きっと、娘さんに何か話そうと電話し、そのあと、自分の発信履歴を見て、着信があったと勘違いしてかける、を繰り返したのだろう。娘さんの悪口を言い続ける利用者が父に重なった。

怒りたくなる娘さんの気持ちも今ならよくわかる。親だからこそ腹が立つ。

そんなときは、娘として背負っている部分も、他人に投げ出して、心を休めたらいいと思う。

「本人の自立のために、軽度の人の生活援助をなくしていこう」

国はそう考えている*のかもしれないが、自立の前に、本人の安全が大切だし、

国はそう考えている
２０２４年６月11日、経済財政諮問会議で政府は「骨太の方針」を示した。社会保障改革については、高齢化や人口減などに耐えうる持続可能なシステムを作る必要があるとして、医療・介護などの保険料負担の上昇を抑制することが極めて重要と指摘。介護分野の具体策として「２割の利用者負担を求める対象者の拡大」「居宅介護支援の利用者負担の導入」に言及し、「要介護２以下の訪問介護と通所介護、とりわけ生活援助の総合事業への移管」も盛り込んだ。つまり政府は「要介護２以下の利用者の生活援助はやめる」というわけだ。だが、「要介護1、2」で実際に買い物に行けない人もいる。生活援助をやめることが自立につながるとはどうしても私には思えない。

家族の心を守るためにも、介護にはひとりでも多くの他人が関わるべきではないだろうか。

某月某日　さよならも言わずに：「わしが逝くときは」

セクハラジジイ・アカナベの「何を食べてもまずい」が前よりひどくなった。何を食べてもまずいなんて、生きていても仕方ないと言いながら、私の太ももに手を置く。胸やお尻じゃないのが慎ましいが、間違いなくセクハラで、ヘルパーの撤収*もありうる。

「わしが行っているデイには、女性の職員さんがいっぱいいるが、みんな体が薄いんじゃ」

私の体を見ながら言う。怒ると、うひゃうひゃと喜ぶ。

訪問診療の医師による、人工透析と脚切断の提案はずっと断り続けている。

そんなある朝、アカナベから着信があった。出たときは切れていた。かけ直し

ヘルパーの撤収
ニコサンが、利用者との契約時にハラスメントの説明をしているのか知らないけれど、セクハラなどがあると、ケアマネやサ責が「契約の解除もありうる」と警告している。セクハラや暴言・暴力があると、どこの事務所も利用を受け付けない。

ても出ない。間違いか。それとも用があったけど、かけているあいだにデイの迎えが来たのか。その日はデイの日で、訪問介護も有償サービスもないから、私が行く予定はない。

自宅から自転車で5分のところにあるアカナベのアパートを見に行く。アパートの前に、アカナベが通うデイの送迎車が停まっていた。デイへ行く姿を見送ろうかと思ったけど、次の仕事時間が迫っていたので、そのまま引き返した。

翌日、アカナベのアパートのそばを通ると、数人が2階のベランダを見上げている。一緒になって見上げると、黄色い制服の女性がベランダで何かしている。ニコサンの制服だ。もう一人、介護保険で入っているヘルパーの田村さんみたいだ。

「おじいさんが倒れていて、玄関のカギがかかったままだったから、ヘルパーさんが隣の部屋のベランダからおじいさんのベランダに行っているんだって」

野次馬が教えてくれた。

2階から走り降りてきた田村さんは真っ青になっている。

「昨日、デイが迎えに来たとき、カギがかかっていて出てくる気配もないから、玄関横の小窓から中を見ると、赤名さんがベッドに横になっていて、『帰れ帰れ』って手を動かしたらしいの」

機嫌の悪いとき、そんなふうにデイの迎えを追い返していたから、そのままにして帰ったらしい。

今日、田村さんが行ったときもカギはかかっていて、小窓から見ると、アカナベは動かなかったという。１１９番にかけて「ドアを開けて待っていてください」と指示されたところで、騒ぎを聞きつけ出てきたお隣さんがベランダから行くことを提案してくれたらしい。

数カ月前のアカナベとの会話を思い出した。

「わしが逝くときは『ありがとう』ってそばで言ってくれんかな」

アカナベはそう言った。それなのに、私は昨日、アカナベの顔を見なかった。

担架にのせられたアカナベが救急隊に運び出されてくる。

「あ、赤名さん」

あわてて声をかける。

「赤名さん、赤名さん、あ、ありがと」

墓掃除
このあたりのお墓は高台

約束を守ろうとしたが、首を振って言い直した。

「死ぬな、アカナベ！」

アカナベの目元が光った気がした。都合のいい見間違いだろうけど。

それから1週間、アカナベは意識を取り戻すことなく、天国に行った。

豚肉の塊を買ってきた。アカナベにもらった赤い圧力鍋で、みりん1本使って豚の角煮を作った。

有償サービスで墓掃除*をしたことがあったから、墓の場所はわかっている。市内を見下ろすその場所で、墓に供えたあと、一人で食べた。

ごめん、アカナベ。さよなら、アカナベ。

某月某日　スッポン1980円：チャンスとピンチ

私はお腹が弱くて頻尿である。この体質は、仕事上とても不便だ。

事務所からは、利用者宅のトイレを借りないように*言われている。たいていは

にあることが多く、行けなくなる高齢者は多い。墓所が荒れるのを切なく思う高齢者が多いためか、「なんでも屋」のチラシに高額な「墓掃除」が掲載されていた。有償サービスで依頼しようとしても、引き受け手がいなければ、流れる。墓掃除は引き受け手の少ないサービスのひとつである。

利用者宅のトイレを借りないよう
この仕事を始めたとき、先輩に「その日のルートによって、いつどこでトイレに行くか決めておくと安心よ」と教えてもらった。私はトイレが近いこともあり、ひとつ仕事を終えるごとに行きたい。コンビニで借りたら、何か買わないと悪い気がするので、できれば市役所、図書館、病院があるとありがたい。

1時間以内のケアなので、そのあとコンビニなどを使わせてもらう。

ときどき夫婦2人分合わせてのケアになると時間が長い。介護保険サービスのケアのあと、引き続き有償サービス利用で、仕事が長時間に及ぶこともある。それがつらいときもある。1時間のケアだって緊急事態はある。

その日、利用者宅に向かう途中で急にお腹が痛くなってきた。到着したらすぐに事情を話して近くのスーパーのトイレを借りようと思っていた。

竹内太郎さん、85歳、要支援2。数カ月前に奥さんを亡くしてひとり暮らし。

1時間で昼食作りと掃除をする。

到着すると玄関で待ち構えていた竹内さんが言う。

「今日はお隣さんに用があるんだ。ボクはちょっとだけ隣に行くけど、掃除をしていてください。何かあったら携帯に電話ください」

本人がいない家でのケアをするわけにもいかない。

チャンスだ。この家のトイレを借りちゃおう。*

「了解です。行ってらっしゃい」と笑顔で見送り、そのままトイレへ飛び込んだ。

悲劇はそこからだった。

トイレを借りちゃおう
我修院春子姐の家の近所には、借りられるトイレのある施設が少ない。きっぷのいい春子姐

済ませて流そうとすると、紙が詰まった。チャンスのあとにすぐピンチがやってきた。

水が徐々にひくのを待つ。再度、流したいのだが、タンクに水がたまるのが恐ろしく遅い。ひとり暮らしなら問題はないのだろうが、1回流すごとにチョロチョロと十数分かけて水がたまる。待っていられず、風呂場へ走る。洗面器に水を入れ、トイレに運び、タンクに注ぐ。何往復かして水をためてから、レバーを倒す。ジャーッと勢いよく水が流れるが、詰まりは解消されない。

これはスッポンを買ってこなくてはいけない。

竹内さんの携帯電話にかける。

「すみません。ちょっと事情があって、一瞬留守にするのでドアを開けておいてください」

竹内さんの部屋はこのマンションの3階の端っこ。お隣の前を通らないと、お客も、泥棒も入れない。

「はい、わかりました」

竹内さんは何も気づいていない。ホームセンターに走る。

は「なんでうちのトイレを使わない？」と言ってくれるが、緊急時であればあるほど、室内に音が丸聞こえになる春子姐宅のトイレは借りたくない。

「トイレが詰まったときのスッポンスッポンください」

正式名称は知らないけれど、店員さんはすぐ理解してくれた。1980円＊。自腹だ。走って竹内さん宅に戻り、スッポンをトイレに突っ込む。ゴゴゴゴと音を立てて流れていった。

解決がついたので、竹内さんの携帯に電話。

「じつは、利用者さんが在宅のときしか仕事できないんですよ。お戻りいただけますか」

竹内さんが戻ってきてから、大急ぎで掃除と洗濯をこなす。

「さきほどトイレの掃除をしていたら、うっかり詰まらせてしまって。スッポンを買いましたが、これは竹内さんちで使ってください」

あくまで掃除中のトラブルだったことにして、スッポンをプレゼント（無理矢理押し付けたとも言う）。

ふー。ヘルパーの仕事ってとんでもない事件が起こる（全部、自分が悪いのだけど）。

真新しいお仏壇の中、奥さんの写真が笑っていた。

1980円
この事件の数日後、100円ショップでスッポンを発見。もう必要もないのに、思わず手に取って確認してしまった。ゴムの質感、取っ手の強度など1980円のものと遜色ない。竹内さんの家からは、ホームセンターも100円ショップも大差ない。あと数日早く知っていれば…。

某月某日　利用者未満：忘れられない人

有償サービス先である木村綾さんのお宅で掃除をしていたら、お友だちがやってきた。

彼女は家にあがってくるや、スリッパの先で、床の小さなゴミを私のほうへ蹴飛ばしてきた。無言のクレームみたいで、第一印象は嫌な感じ。

「佐東さん、今日は掃除はいいから、*ここに座って」

綾さんにそう言われ、掃除機を片付けてから椅子に座る。

「こちらはヘルパーの佐東しおさん。で、こちらは私のお友だちの三木田弘江さんよ。２人とも仲良くしてほしいわ」

綾さんはわれわれを交互に見ながら紹介した。綾さんは90代半ばだが、三木田さんは10歳も若い86歳、昔のママ友なのだという。

「ところで、三木田さん。あなた、認知症がだいぶ進行しているわよ」

今日は掃除はいいから
これは本来危険な言葉だ。あと「しなくていい」があと「やってくれなかった」に変わって、事務所への苦情電話となることもある。綾さん宅は介護保険ではないので、介護計画にしたがったケアをする必要はない。利用者の希望どおりでいいし、綾さんなら掃除をしなかったからと苦情が来ることもないと判断して、掃除を終わらせた。

唐突にストレートすぎる物言い。お茶を噴きそうになった。そう言う綾さんはかけらもボケていない。

「もう〜、綾さんってば」三木田さんは冗談だと思って、綾さんの肩をばんばん叩く。

「いや、本当よ。三木田さん」綾さんは真顔だ。

「ねえ、この人、いっつも真顔で面白いこと言うのよ」三木田さんが私に言う。

「じゃあ、三木田さん、この人の名前わかる？」と言って、私を指さす。

「教えてくれてないのにわかるわけないでしょ」当然のように三木田さんが言う。

「ほらね」綾さんは外国の人のように肩をあげて私を見た。

「一緒に役所についていってあげるから要介護認定を受けましょうよ。必要だったら、ヘルパーさんに来てもらうの」

「困っていることがないのに、なんでよ」

「じゃあ、まずは有償サービスに来てもらいましょう。ほら、あなた、前に押入れの整理をしてほしいって言っていたじゃない」

綾さんは心の底から三木田さんのことを心配している。でも、三木田さんは自覚がないから暖簾《のれん》に腕押しだ。

それから何回目かの訪問時、綾さん宅にまた三木田さんがいた。どうやら綾さんの段取りで、三木田さんはニコサンの関連会社と有償サービスの契約をしたのだという。少し距離があるので、バイクに乗っているヘルパーが行ったらしい。

「一度来たけど、そのままよ。冷たい人たちね」お茶を飲みながら三木田さんが言う。

「それは、毎週来てもらう契約を嫌がって、必要なときだけあなたのほうから電話することになったからでしょ。あなたが言わないと来ないわよ」

「連絡先も教えてくれないのに、どうやって連絡とるのよ」

綾さんは「もうっ」と頭を抱えた。

三木田さんは雑談している分には話にそつがない。だから、綾さんが他市に住む息子さんに電話して三木田さんのことを相談しても、

「母に限って、*認知症なんかじゃありません」

と言われたのだという。電話での会話や、短時間会うだけではわからないのだ。

母に限って
私の偏見かもしれないが、娘より息子のほうが母親の認知症を認められないケースが多い気がする。三木田さんの息子は仕事が忙しいらしく、たまに来ても、三木田さんが寝たあとで、食べ物をそっと置いて帰っていくのだという。三木田さんいわく、「サンタクロースのような息子なのよ」。

私は三木田さん宅に行ったことはなく、綾さんのところで会うだけの顔見知りだ。いや、顔見知りなのは私だけで、三木田さんはちっとも私の顔を覚えないから、一方通行の顔見知りにすぎない（だから私は、三木田さんのことを「弘江さん」ではなく、「三木田さん」と書いている）。

「ねえ、佐東さんが三木田さんのところへ行きなさいよ。顔見知りだし、定期的に行って仲良くなって、そしたら佐東さんの口から息子さんに『あなたのお母さんはヘルパーなしではダメです』って伝えるのよ」

綾さんは私によくそう言うのだが、三木田さん宅までは、自転車だと30分かかる。時給が半分以下になるようなもので、それだと「有償サービス」じゃなくて完全なボランティアだ。心配する綾さんの気持ちはわかるが、「どうでしょうね」とのらりくらりとかわしていた。

ある日、スーパーで利用者の買い物をしていたときのこと。

「わあ！　見たことある人、みぃつけた！」

いきなり三木田さんが私の前に現れた。

「知ってる！　私、この人、見たことある。名前忘れたけど、仲ええもん」

私の肩をばんばん叩く。

認知症でも、それぞれ記憶の消え方、残り方*がある。三木田さんには、まだ数回しか会っていない私のことを記憶に残すのは無理だと勝手に思っていた。それが「覚えている」ではなく、「仲ええ」と言う。その言葉に胸がじんわりと温かくなった。

その次の訪問で、綾さんに伝えた。

「私、三木田さんのところへ行こうかな。だけど、今、ちょっと仕事が多くて。そのうえ12月は忙しくて」

12月は大掃除の有償サービスを頼んでくるお宅が多い。この仕事を始めて、12月に自分の家の大掃除をしたことがないくらいだ。

「やっと行く気になってくれたのね」綾さんはそう言って喜んだ。

「春になったら、三木田さんの説得お願いしますね。綾さんから、毎週有償サービスに来てもらいなさいって説得してくださいね」

そんなことをやりとりしていた12月の末、90すぎても、さくさくとＬＩＮＥを

記憶の消え方、残り方
義父と義母が続けざまに亡くなった際、その話をした利用者が、義母の死は覚えているのに義父の死は忘れ、「義父さんを生きているうちに旅行へ連れて行ってあげたらい い」と毎回言われた。楽しいことも悲しいことも忘れるのに、身内の小さな失敗話だけはいつまでも覚えている人もいる。5分で記憶が消えることもある人が、私の名前も覚えていないのに「あんたが来る日はよう雨が降る」と言う。実際にそうだった。記憶の消え方、残り方は百人百様なのだ。

使う綾さんから、夜中、連絡が入った。

《三木田さん、死去。詳しくは明日》

翌日、朝一番の仕事の前に、綾さんのところへ行く。綾さんは真っ赤な目をしていた。

「お葬式とか行かれるんですか？」

「もう、終わっているんですって。昨日、息子さんから電話が入ったの。お風呂場で亡くなっていた*んですって。私、このところ、三木田さんに何度か電話していたの。だけど、三木田さん出なくってね。それが珍しい人じゃないの。よく携帯を置き忘れるし、固定電話はセールスが怖いと言って出ないし。だから、なんとも思わなかったの。もしかして、私の電話が鳴っているとき、三木田さん、助けてって言ってなかったかな」

「お風呂は夜、入られていたんでしょう？　綾さんの電話は夜じゃないんでしょ。だから、どうしようもなかったです。電話に出られないからって駆けつけても、助けられなかったですよ」

お風呂場で亡くなっていた
2021年、浴槽内で亡くなった65歳以上の人は、交通事故で亡くなった人の倍。冬は危険で、11月から4月にかけてがとくに多い。脱衣所との温度差で心筋梗塞などを起こしやすい。うちの両親がどちらか1人で在宅のときは入浴前後に連絡を入れてもらうようにしていた。ただその連絡をよく忘れ、そのうえこちらか

その言葉は自分にも言っている。

私に何ができたわけでもないのに、もし私が春を待たずに三木田さんのところへ行っていたら、運命が変わっていたんじゃないかと思ってしまう。

利用者じゃなかったのに、なぜか忘れられない人もいる。

某月某日　悲しくないわけじゃない：ヘルパーは何も知らない

金田美子さんを最初に担当したころ、新人の私は一生懸命だった。古い写真を出してきたら、

「わあ、お若い。おきれいですね。この家に来るいろんな人にも見てもらえるように額に入れませんか」と言って飾った。

ただ、ニギリ美子さんはこちらが頑張って一歩踏み込むと、二歩要求してくる図々しさがあった。いつのころからか、淡々とやるべきことだけを正確にやらないと潰されると気づいた。


らかけても気づかずに、心配したことは数知れない。

少し前に入院したとき、民生委員*さんが着替えなどを荷造りして持ってきてくれたらしいが、それに文句を言う。

「退院してみて、がっくり。タンスの中がグチャグチャなんですもの。民生委員さんはお上《かみ》からお金をもらっているんだから、ちゃんと仕事してほしいわ」

「民生委員さんは無給ですよ。すずめの涙ほどの活動費しか出ないから、美子さんの入院準備もまるっきりボランティアですよ。もし、また入院になったときのためバッグに荷造りしておきませんか？」

やんわりとそう勧めても、

「そんな縁起でもない*ことしろって言うの？」

と怒り出す。

そして、今度はその民生委員さんとケアマネが一緒に来て、入院時に保証人などになってもらえる団体を紹介して帰ったと言って、美子さんがふてくされている。その愚痴を聞くのも私の仕事だ。

「入院のときの保証人なんて、民生委員さんがなればいいじゃない。ケアマネだっていいし、あんただっていい。なんで、お金を払って、業者に頼まないとい

民生委員
「民生委員法」にもとづいて厚生労働大臣から委嘱された非常勤の地方公務員で、全国で約23万人が活躍している。うちの地区の民生委員には息子のことでよく気にかけてもらった。「夜中も早朝も佐東さんちは電気がついている。息子さんたちのケアを頑張っているのかしらと、その窓の灯りを見ているの」と言われた。民生委員も朝も晩もなく駆け回っているのだ。現在その方が体調を崩し、代わりの人が見つからず、隣地域の人が兼務している。

縁起でもない
美子さんは、入院準備を「縁起でもない」と言うくせに、お墓の話になると結構、熱く語る。納骨堂はどこのが安いか、墓じまいはいくらかかるか、よく知っていてこち

けないの？　高いじゃない。世知辛い世の中だこと。みんな冷たい」

パンフレットの入った封筒がテーブルの上に置かれたままになっている。


そんなある日、サ責の本谷さんから電話。

「美子さんが尻もちついたまま、立てなくなったそうです。今、携帯から電話がありました。助けに行けますか？」

美子さんの家には私が一番近い。室内着のまま駆けつけると、美子さんは床に倒れていた。ケガはなかったが、いつもの憎まれ口をたたく元気はなさそうで、小さな体がよりいっそう小さく見えた。軽いので手伝って簡単に起こす。いつもどおり「ありがとう」はない。しばらく様子を見ていたけど、どうやら大丈夫そうだ。

「もし、具合が悪いと思ったら、事務所でも救急車でもいいから電話してくださいね」

美子さんは不機嫌そうに何も答えない。私はそのまま帰ることにした。


らも勉強になる。利用者の中には死後の話を熱く語る人もいて、そんな話のあと、私は必ず来年の話をするようにしている。「来年もプチトマトの苗を植えませんか」「来年のおせちはどこのを頼まれるんですか？」。たいていの人はそれまでの話を忘れたかのように答えてくれる。

するとさっそくその夜、美子さんは自分で救急車を呼び、そのまま入院となった。入院に必要な荷物を誰が運んだのか、私は知らない。

3週間ほどして病院から退院すると、グループホームへ行くことになった。退院の日に自宅へ寄り、必要な荷物を取ることになっていたが、私は別の仕事が外せず、ほかの人に行ってもらった。

その日、何を持っていったのか、私は知らない。お宝だと言っていた、しみだらけの姫だるまは持っていったのか。服や化粧品にはお金をかけていたけど、それらも持っていく元気があったのか。

美子さんはグループホームに行って、ほどなく亡くなった。

サ責の本谷さんからの
《×月×日、金田美子さん亡くなられました。長いあいだ、ケアご苦労さまでした》

というLINEでそのことを知った。亡くなったあと、美子さんがどう弔われ、どこに埋葬されたのか、ヘルパーは何も知らない。*

近所の家電屋さん*に美子さんの死を伝えに行った。家電屋さんは、新しいエア

ヘルパーは何も知らない　ニコサンでは、葬儀の日時や場所を把握していな

コンを買った美子さんから毎日のように「大金払ったのに全然効かない」と呼びつけられていた。

美子さんが亡くなったと言うと、家電屋さんは「そうですか」と言った。

それから数週間して、道で家電屋さんに会った。

「あそこ、もう新しい人が入ってますね」

美子さんの名は出さなかったが、美子さんの家のことだとすぐわかった。

「つけてまだ数カ月のエアコンもそのまま残してあるので、使われてますよ」

「外にプランターで花まで植えてありましたね」

「植えてありましたね」

美子さんの名前は出ない。私もだけど、家電屋さんも、美子さんのことが大嫌いだったと思う。

だけど、美子さんの死が悲しくないわけでもない。きっと家電屋さんもそうだと思う。

い。別の大手事業所のヘルパーによると、「基本、出席はしないことになっているけど、どうしても見送りたい方の場合、葬儀の日時・場所を知っていたら、近くに行ってそっと手を合わせる」という。私は自宅の方向に手を合わせる。

近所の家電屋さん
わが家もこの家電屋さんを利用している。美子さんから「どこか家電を買える店を紹介して」と言われたとき、私は「ちょっとわかりません」と言葉を濁し、この店を紹介しなかった。美子さんに紹介すれば、なんだかんだとごたごたすることになると思ったからだ。ところが、ほかの人を通して偶然にもこの店で買うことになり、案の定クレームを入れるようになった。

某月某日　**命の期限**：介護ヘルパーにできること

私たちヘルパーは医療行為はできない。私は息子のケアで、酸素の管理も、胃瘻の管理も、喀痰《かくたん》の吸引も、自信はある。でもその技術は他人には使えない。特別な研修を受ければ、吸引などができるようになる。だけど、それができるようになったところで看護師並みの給料がもらえるわけではない。しかも自分だけそれができると、逆に休めなくなる。デメリットしかないのに、高額を払って研修を受ける意味を見つけられない。

高校生時代、入院中の祖母の病院によく行っていた。看護師さんのあまりの冷たさに、将来なりたくない職業ナンバーワンに位置付けた。息子が障害を持ち、心ある看護師さん*たちに巡り合うまで看護師になりたいなどと思ったこともなかった。

息子のケアに医療行為が必要になり、看護師の資格を取ろうかと迷った。息子

心ある看護師さん
「頑張りすぎなくていいんだよ。たまには付き添いをせず、家でゆっくり眠っておいで」と気づ

の入院先で知り合った看護学生に言うと、
「ときどき、30代40代の学生がいますけど、頭がついていかないみたいですよ」
と言われ、息子たちをかかえて学校に通う難しさを考え、あきらめてしまった。
でも、のちに知り合った看護師さんの中には30代40代で資格を取った人もたくさんいる。今となっては*、ちょっとした後悔だ。

松山道夫さん、75歳、要介護1。末期がん。

掃除と洗濯と、頼まれた買い物をする。洗濯機のスイッチを入れ、先に買い物に行き、残った時間でできるところまで掃除する。

松山さんが欲しがるのはいつもお酒。角瓶が好きで、それを甘いジュースで割って飲む。でもケアマネからは、酒は絶対に買うなと指示されている。ただ、本人が這うようにして店まで行って買う分にはノータッチだ。

もし、私の身内だったら、と考える。末期がんで、治療に限界が来ているのならば、好きに飲ませてあげたい。アルコールを飲むことで、苦しくなったり、寿命が縮まったりするのであれば、それも含めて本人に選択させてあげたい。でも、

かってくれたり、長男が重篤な病状のとき、「今から1本ずつ管がとれる。そしたら元通り、ほほ笑むことができる」と励ましてくれた。そうしたたくさんの言葉に救われた。

今となっては
今となっては30代、40代なら十分若い。たぶんあと15年もすれば、60代なら十分若いと思うはずだ。「残りの人生で、今日が一番若い日」とはよく言ったもの。10年後、20年後の私が後悔しないよう、今できることには精いっぱいチャレンジしたい。

ヘルパーはその選択に関われない。

酒好きの松山さんにはひとつ困ったことがある。

酒のせいか、病気のせいか、下痢が頻繁でトイレに間に合わない。リハビリパンツも利用しているのに、廊下もトイレも便だらけで、乾いてこびりつき、拭いただけではきれいにならない。ブラシを使うと、その水分がはじかれて、あちこちに飛び跳ねる。できることなら作業着で大掃除したい。

頑張ってきれいにしても、次行くと、元の木阿弥。砂上《さじょう》の楼閣《ろうかく》。便で汚れた壁や廊下*の掃除がつらいというより、きれいにしても、次回にはめちゃくちゃ汚れているのがつらい。途方にくれる。

この仕事からの解放をと思うと、松山さんの入院か、死になってしまう。それもまたつらい。

「今日は体調がいいから、風呂入ってさっぱりしたいんだよ。風呂の用意を頼む」

そう言われ、久々に見る晴れやかな顔に、ついお風呂の準備をし始め、はっとする。

便で汚れた壁や廊下
床がすごいことになっているのでスリッパを持参し、松山さんの許可を得て置いていた。よそのお宅では、毎回持ち帰っていたが、裏に便がついたものを持ち歩くのも抵抗がある。ところが、自分のスリッパが便だらけの松山さんはすぐに私のスリッパを使う。次に訪れた際にはスリッパも便だらけ。「これはヘルパー

入浴はケアプランにない。悪いクセで、勢いのままつい希望をかなえようとしていた。

サ責の本谷さんに電話し、「ケアにはないけど、今日なら入浴できそうと言われていますが」と確認をとった。「病状的に危険ね」本谷さんが冷静に言う。

「すみません。お風呂はダメみたいです」

がっかりする顔を見ながら無力感を覚えた。

そのかわりに足湯はどうだろう。そんなことも思ったが、計画にはなく難しい。

このときばかりは、訪問看護師*のように直接命に関われたらと思った。

本谷さんは言う。

「私たちは計画にないことはしてはダメ。決まったことだけを心をこめてしたらいいの。体調の変化などを感じたら、事務所経由で医療につなげたらいいの。もし、それ以上を考えるなら、笑顔とか寄り添う姿勢とか、そういうものしかないの」

そういえば、長男や母が入院したとき、心の支えは看護師さんのやさしい言葉や笑顔だった。

のスリッパなので使わないこと」と書いた袋に入れておいた。それでも使う。ゲタ箱の中に隠した。発見して使う。まいった。

訪問看護師
気難しい利用者も、訪問看護師のことは信頼していたりする。利用者宅で同席することはほとんどないが、母のところへ来てもらうようになり、その手際に感心した。母の訪問看護でありながら、同居の父についても体調面での心配などを私の携帯に連絡してくれた。

私は、私のできる範囲で、全力で松山さんのことを考えよう。そう決心したら、松山さんは入院した。

そして、1カ月後、訃報が短いメールで伝えられた。

某月某日 大赤字：もう引き受けられません

利用者宅のゴミをよいしょよいしょと運んでいたら、同じマンション*の女性から声をかけられた。

「あなたの制服って、ニコサンよね？　あそこって、なんでもしてくれるってホント？」

「なんでもってわけじゃないですけど、介護保険外のことは、有償サービスとの契約もお勧めできます」

「身内がいなくてね、同じような友だちと助け合おうねって言っていたんだけど、年は近いし、みんないっせいにボケたり歩けなくなったりするような気がし始め

同じマンション 高齢者向けマンション。利用者宅は2階で、降りる際にエレベーターではなく階段を使ったら、顔にクモの巣がからみついた。このマンションでは2階でも階段を使う人はいないのだろう。

て。いざというときは、あそこに言えばいいと思っていると、お守りのように元気が出るわ」

「まかせてください！」

元気よく言うと、「うわっ〜、よかった」と両手をあげた。私の心までほんわかしながら、ふと不安にもなる。

安請け合いしたけど大丈夫か。

一昨年、ニコサンが大きな赤字を抱えていると全ヘルパーに連絡があった。数字に弱い私だけど、ニコサンの２０２２年度決算報告を見ると、１０００万円弱の赤字が計上されている。当時はヘルパーのコロナ感染が相次ぎ、仕事を受け切れなくなったからだと思っていた。コロナ禍がすぎれば、回復するのだろうと考えていた。

ところが、翌年度も赤字がさらに増えた。

ニコサンの代表者が総会で説明してくれた。

「ヘルパーの絶対数が足りていません。あと10人、いや、最低でも5人は欲しいところです。みなさんの知り合いで興味のある人がいたら、ぜひご紹介ください」

　気づいたら、ときどきヘルパーが消えている。

　日ごろから顔を合わせることがなく、全員の顔を知らないので、辞めていった人のことは私はわからない。

　ニコサンには高齢のヘルパーが多い。年齢が気になっても、なかなか聞けない。男性利用者は遠慮なく聞く。すると平気で教えてくれる。

「竹下さんって、83歳らしいぜ」

　竹下さんはニコサンのベテランヘルパーだ。70そこそこだとばかり思っていた。

　その竹下さんが何度かヒザの手術や腰の痛みで長期の休みをとった。

「わたしゃ、この仕事が好きなんよ。やめとうない、やめとうないんよ」

　年齢の近いヘルパーの前で泣いている姿を見た。サ責の本谷さんも「辞められたら困るよ。回らんようになるよ」と竹下さんを頼りにしていた。

　それが先日、スーパーでばったり出会った竹下さんが、

「私、今年いっぱいで辞めるんよ」と言った。

「どうしてですか？」驚いて尋ねた。

天然記念物のような存在
ニコサンにいる20名ほどの登録ヘルパーのうち、61歳の私より明らかに若いのは3人だけだ。年齢を知っているわけではないけれど、彼女たちも40代の後半。利用者からの希望が「せめて50代の人を」に変わってきた。他市の人に聞くと、ヘルパーを頼もうとしたら、「70代後半しかいないので、それでも可能なことだけ頼んでください」と言われたそうだ。

「もうね、ヒザに限界が来た」

とっくの昔にヒザは限界だったはずだ。それでもしばらく休んでは復帰していた。辞める理由を「ヒザ」だと言った竹下さんだったけど、サバサバした顔で、「やりぬいたよ。もう満足した」と満面の笑みだった。

辞めていく人が多いが、入ってくる人は少ない。とくに若いヘルパーはもはや天然記念物のような存在になった。

ヘルパーを増やし、こなせるサービス量が増えなければ、来年以降ニコサンの経営の見通しは立たない*と総会で代表が説明した。

先日、利用者から、「いいわねえ、介護職。お給料があがるって、政治家さんが言っていたわよ」と言われた。

「訪問介護事業所は別*なんです。一部の事業を見て、おたくらは儲かっているだろうから、いいでしょうって感じみたいです。うちなんて大赤字で潰れますよ」

利用者に言うことではないのに、ついむきになって言い返してしまった。

「助けて」って人があちこちにいるのに、人手不足で大赤字。「助けて」の声に、いつの日か応えられなくなる。

経営の見通しは立たない
2023年の訪問介護事業者の倒産は60件に達し、これまで最多だった2019年の58件を抜き、年間最多を更新した。倒産した事業者のうち、資本金1000万円未満が9割超（57件）、従業員数10人未満が8割超を占める。零細事業者の経営はどこもギリギリだ。

訪問介護事業所は別
2024年度の介護報酬改定で、訪問介護の本体報酬単価が引き下げられることに決まった。2022年度の利益率が、全サービス平均2.4%だったのに対し、訪問介護は7.8%と高かったからだという。だけど、それは一部の大規模事業所だけだ。全事業所の報酬を下げられたのでは、ニコサンのような小規模の事業所はたまったものじゃない。

もし、うちの事務所がなくなったら、両手をあげて喜んだあの人にウソをついたことになる。

ゴミ捨て場にいつまでも立ちすくんでいた。

某月某日　お花見：光の数だけ帰り先

すでに認知症になっている人が「ボケたらどうしよう」とか、「私、ボケたのかもね、あはははは」なんて言うのをしょっちゅう聞いていた。ひとり暮らしできている自分がボケているなんて思いもしないのだ。

うちの母*も「ええっ？　認知症の人がひとり暮らししているの？」と驚くが、今時そんなのはふつうで、要介護3でもひとり暮らしの人もいる。

認知症になったら、そうではなかったころとは別人になると思っている人もいるが、そうではない。たいていの人はそれまでの生活の延長線上にいる。5分と記憶のもたない人が、人の脱いだ靴をきれいに揃える。これまで染みついた性格

うちの母
父は体調がよくなるにつれ、言動が落ち着いてきた。でも、自宅でのひとり暮らしは不安で、生活の場を模索中だ。母もまだ入院が必要だが、徐々にしっかりしてきた。いまだに日替わりで状況が

や生活が残っているのだ。

長谷麗香さんもそう。バタバタと訪問し、すぐさま家事に取りかかる私の上着をハンガーにかけ、靴を揃えてくれる。真っ赤になって、お礼を言うと、やさしくほほ笑み返す。私ひとりに家事をさせるのは申し訳ないと、できる範囲を一緒にやる。帰るときには、玄関先まで出て、見えなくなるまで手を振ってくれる。

でも、鍋はみんな焦げ付いている。* テレビやエアコンのリモコンも、財布もカギもよく行方不明になる。庭の物置きから出てきたりする。

到着前に電話してカギを開けてもらうことになっているが、電話を切った瞬間忘れて、カギが閉まったままのこともよくある。

昔のことはよく覚えていて、その話は面白い。

「昔はね、みんなと花見に行っていたの。麗香さんは巻き寿司の係よ、なんて言われたけど、たいへんだからおにぎりにして。具をたっぷり入れたら、みんな、おいしいって喜んでくれてね」

麗香さんがなつかしそうに話す。一緒に花見に行きたい。そう思った。高齢になると1年先がわからない。出かけるのが難しいくらい脚が弱ってしまう場合も

変わり、振り回されているが、少しずつ光が見えてきている。

鍋はみんな焦げ付いている
鍋だけでなく、服にまで焦げが多かった。ガスコンロで焦がしたのもあるだろうけど、麗香さんはエアコンを使わずに電気ストーブを抱えるようにして暖をとっていた。心配になる。

あるし、入所してしまうケースもある。事業所の変更、担当者の変更もあるし、亡くなられることだってある。今、行かないと麗香さんと花見に行く機会はない気がして、ヘルパーで訪れた際に提案した。

「麗香さん、北山公園までお花見に行かない？」

「わあ、いいわね」

「ご飯炊いて、具をたっぷりのおにぎり作って」

「まあ、私、得意よ」

こうして私は麗香さんとお花見に行くことになった。麗香さんと私は友だちだし、友だちとして行くのだから事務所にも言わんでええ。* そう自分に言い聞かせた。

約束の日、プライベートで麗香さんのお宅を訪れ、お弁当の準備。熱々のご飯を2人できゃーきゃー言いながら握る。

「でも、北山公園まで坂の登りがあるけど、大丈夫？ 脚がつらかったら遠くから花見でもいいですし」

「いやいや、北山公園なら下まで降りずに行く道があるのよ」

事務所にも言わんでええ そもそも利用者と個人的つきあいをしていいものか、私にはわからない。本来なら、「有償サービス」を使って行くべきなのかもしれない。でも、〝ええかげん〟なヘルパーの私は、聞いたらダメと言われる可能性のあることは聞かない性格だ。

「ホント？　じゃあ、楽に行けるね」

「そうよ。すぐよ」

２人で出発して北山公園への道をゆっくりと歩く。

「このへんであっち方面へ行くのかな？　麗香さん、どっち？」

「え？　北山公園に行く道？　私、知らないわ」

ずっこけそうになる。*

「でも、こっちかなあって、なんとなく行けそうな気はする」

「私もそう思う」

２人で納得しあって歩き出す。道はあっていたけど道幅が細い。しかも傾斜がある。麗香さんが転ばないように、腕を組んで歩く。体をくっつけて歩くと一層愛《いと》おしい気持ちになる。ゆっくり進んでいると、麗香さんがよろけて、かばおうとした私と一緒に低木の藪の中に倒れこんだ。

「麗香さん、大丈夫？　ケガはない？」

「全然、大丈夫よ」

かすり傷ひとつない。でも、心底震えた。もし、ケガでもしたら責任問題だ。

ずっこけそうになる
以前、義父宅から一緒に駅に向かっていたときのこと。「ここから駅まで歩いて何分？」と聞くと「なあに、10分もあれば着く」と言う。10分ほど歩くが、駅がどこにも見えてこない。聞いてみると、「え？　10分？　誰がそがあなこと言うた？20分でも着かん」と言われて、ずっこけそうになった。認知症なのは知っているのに会話しているとつい鵜呑みにしてしまう。

公園でおにぎりを食べながら、2人で桜を見た。

高台なので、街の様子が広く小さく見える。

「私ね、夜になったら、2階の窓から街を見るの。道路をね、小さな光がいっぱいどこかへ行くの。クルマがみんなそれぞれの家に向かっているのよね。この数だけの帰り先があるんだと思ったら、なんだか嬉しくなるの」

麗香さんの横顔はやさしい。

「あっちの山のほうを見たら、山の真ん中まで光があって、そのひとつひとつに生活があるのよね。胸がいっぱいになるわ」

「向こうの人も思っているでしょうね。こっちの山のひとつひとつの光の中に人の生活があるって。そのひとつが麗香さんちのあかり」

「ちっぽけな私ひとりの家ですけどね」

うちの窓からも夜中ほんの少し、山の麓《ふもと》のあかりが見える。今もそれを見るたび、麗香さんのことを思い出す。*

麗香さんのことを思い出す
その後、麗香さんは隣県に住む息子さんが面倒を見ることになり、息子宅の近くにある施設に入所した。今はもう会うことはない。今年の春、空き家になった麗香さんちの庭では、去年と同じしだれ梅が咲いた。

あとがき――この恰好で胸を張って

「ヘルパーをやっていてよかったことは？」と聞かれた。

少し考えていて、「これって、あのときの質問に似ている」と思った。

今だから言えるが、わが子に重い障害があるとわかったとき、死んでしまいたいくらいつらかった。私だけが遠い星*に来たような気分になった。大きな距離があるはずなのに、ガラス越しに幸せな友人たちが見える。あちらの幸せは見えるし、聞こえるのに、私の苦しい声も姿も誰にも届かない。

息子たちと生きることで、その後、障害のある子の親でよかったと思えるようになったのだけど、あるとき学生時代の友人から「そう思えるようになった出来事って何？」と聞かれたことがあるのだ。

きっと感動的なエピソードを期待されたのだと思う。もしかしたら、そんなエピソードでもない限り、人間そうそう変われないと思われたのかもしれない。

遠い星
当時は今のようにネットで情報が得られる時代ではなかった。これから何をどうしたらいいのか途方にくれた。息子は将来、ふつうのサラリーマンになって暮らしていけるのかとはるか未来の心配をしてみたり、身内に迷惑をかけるのではないかと心細くなったりした。現在だったら当時より情報もある。価値観の多様化もあるし、差別への意識変化もある。それでも今、障害児も、そのママになった人も当時の私と同じように苦しんでいる。どんな人も社会の一員として生きやすい世の中になってほしいと心から願う。

でも、そんなエピソードはない。

日々の小さな幸せ。爪の形が自分にそっくりなのを見つけたとか、私の顔をのぞきこんで「オカアサン」と呼んでくれたとか、壁一面の落書きが楽しそうな顔の絵だったとか、嬉しそうな寝顔が見られたとか、私の布団に小さな足を突っ込んできたとか……。そんな小さなひと粒ひと粒*が、私を変えていった。

ヘルパーの仕事もそれに似ている。

日々の小さな出来事が、ヘルパーという仕事を私にとって唯一無二のものに変えていった。

もう亡くなってしまったけれど、ニギリ美子さんは、私の天敵のような存在。

「黄色い財布が欲しいの。私は買いに行けないでしょ。だから、デパートで写真を撮ってきてほしいの。それを見て選ぶから」美子さんが当たり前のように言う。

「それは有償サービスで、ですか？」

「違うわよ。あなただって買い物に行くでしょ。そのついでに財布の写真を撮ればいいじゃない。5秒あればできるわよ」

後日、写真を撮って見せようとすると、

小さなひと粒ひと粒
友人たちの子とうちの子の差に苦しんだのは遠い昔。今では息子を人とくらべることもなくなった。上の子は永遠に20歳だけど、下の子はもうアラサーになった。中身は幼いが身長だけは見上げるほどになった。休日には一緒に出かける。本人もそのままの自分で楽しそうだ。いまだにこちらが「守らねば」と思っているし、楽はできないけれど、そんな人生もいいんじゃないかなと思っている。

「ああ、黄色い財布、もう欲しくなくなったので、別に見せなくていいわ」。

事務所へ行って、ヘルパー仲間にその話をして、地団駄を踏んでいた。

「そういえば、この前、美子さんから、佐東さんへの苦情電話があったの」

サ責の本谷さんが言う。

「でも内容は言えないわ。美子さんが『本人には絶対言わないで』って」

「なんで？」

「『腹が立ったから言わせてもらったけど、うちに来てもらうのは佐東さんがいい』だって」

噴き出した。私のこと、どんだけ嫌いで、どんだけ好きなんだ。

私はこれからもずっと美子さんのことを忘れないだろうなと思う。きっと美子さんの記憶の中にもずっと私がいたと思う。

赤の他人の家に、当たり前のように入っていき、その人のすべてを受け止めて、時に感情をぶつけられて、その記憶の中に住み着く。そんな仕事、なかなかない。

子どもが巣立って〝空《から》の巣症候群〟の人や、パート先の人間関係に心がくたびれている人、いくつからでも始められるから、みんなヘルパーをやってみるがいい。オモロイ人間*に出会いすぎて全部吹っ飛ぶから！

色あせた黄色いポロシャツで、髪振り乱して自転車を飛ばす私を、「ああ、一番やりたくない仕事」「かわいそうな人」と見る人はいるだろう。

この仕事の嫌なところを百も千も言えるのに、それでもこの恰好で胸を張って歩いている。私は、ヘルパーである私が好きだ。

２０２４年７月

佐東しお

オモロイ人間
今日はエアコンのない春子姐のアパートで、汗だくになりながらハサミでネギを切った。包丁で切るより細かくできるから、こっちでやれと春子姐は言う。切ったネギがぴょーんと飛び、手の届かないキッチンの溝に落っこちたのを見て２人で大笑い。やっぱりこの仕事をやっていてよかった。

佐東しお◉さとう・しお
1963年、広島県生まれ。51歳のとき、地元の訪問介護事業所に籍を置いて、登録ヘルパーに。「週3日くらい自分のペースで」働くつもりだったが、人手不足で仕事はどんどん増える。現在は、認知症の親、障害を持つ息子のケアに奔走しながら、月1回ずつカープとサンフレッチェの試合を現地観戦する現役訪問介護員。まだしばらく仕事を辞める日は来そうにない。

介護ヘルパーごたごた日記

二〇二四年　九月　一日　初版発行
二〇二四年　一〇月　五日　五刷発行

著　者　佐東しお
発行者　中野長武
発行所　株式会社三《さん》五《ご》館《かん》シンシャ
〒101-0052
東京都千代田区神田小川町2-8　進盛ビル5F
電話　03-6674-8710
http://www.sangokan.com/
発　売　フォレスト出版株式会社
〒162-0824
東京都新宿区揚場町2-18　白宝ビル7F
電話　03-5229-5750
https://www.forestpub.co.jp/
印刷・製本　中央精版印刷株式会社

ISBN978-4-86680-939-7